PSICOLOGIA E ANTROPOLOGIA
A vida humana em construção

José Luiz Cazarotto

PSICOLOGIA E ANTROPOLOGIA
A vida humana em construção

EDITORA
IDEIAS &
LETRAS

DIREÇÃO EDITORIAL:
Marlos Aurélio

CONSELHO EDITORIAL:
Avelino Grassi
Edvaldo Araújo
Fábio E.R. Silva
Márcio Fabri dos Anjos
Mauro Vilela

COPIDESQUE:
Thiago Figueiredo Tacconi

REVISÃO:
Ana Aline Guedes da Fonseca de Brito Batista

DIAGRAMAÇÃO:
Érico Leon Amorina

CAPA:
Vinícius Abreu

© Ideias & Letras, 2017.
2ª impressão.

EDITORA
IDEIAS &
LETRAS

Rua Barão de Itapetininga, 274
República - São Paulo/SP
Cep: 01042-000 – (11) 3862-4831
Televendas: 0800 777 6004
vendas@ideiaseletras.com.br
www.ideiaseletras.com.br

Dados Internacionais de Catalogação na Publicação (CIP)
(Câmara Brasileira do Livro, SP, Brasil)

Psicologia e antropologia: a vida humana em
construção / José Luiz Cazarotto.
São Paulo: Ideias & Letras, 2015.
Bibliografia.
ISBN 978-85-65893-83-1
1. Identidade social 2. Psicologia cultural
3. Psicologia e antropologia I. Título.

15-03393   CDD-302

Índice para catálogo sistemático:
1. Psicologia social 302

SUMÁRIO

Introdução – 11

PARTE 1 - ANTROPOLOGIA E PSICOLOGIA: EM BUSCA DE UM PONTO DE CONTATO – 23

1. Cultura e antropologia: linhas gerais – 25
2. Antropologia e psicologia: *Tempo de sonhos* – 34
3. A Psicologia e a experiência humana – 42
4. Uma psicoantropologia? A teoria da ação simbólica – 47
5. O diálogo dos símbolos – 57
6. Símbolos e rituais: a construção do mundo humano – 64
7. As perspectivas múltiplas da representação – 71

PARTE 2 - NARRATIVA EM RITUAL: A CONSTRUÇÃO DE UM ESPAÇO-OBJETO COMUM À PSICOLOGIA E À ANTROPOLOGIA – 79

1. Narrativas e encenações: a exposição do humano – 81
2. Cultura e narrativa: alguns mediadores e suas tarefas – 88

3. A força ativa e organizadora da
   palavra humana – 91
4. Redes de símbolos:
   passado, tensões e identidade – 96

   4.1 *Do Inferno ao Paraíso:*
   um olhar de Duerr – 99

   4.2 *A construção do ninho simbólico* – 102

   4.3 *Da angústia à festa:*
   os actemas intencionais – 107

   4.4 *Josué na Terra Prometida: Marcial,*
   o genro e discípulo – 115

Conclusão – 127
Referências Bibliográficas – 129

Não sei o que o mundo pensará de mim; parece que fui somente um menino que brincou às margens do mar e se divertiu procurando de vez em quanto uma pedrinha um pouco mais polida ou uma concha um pouco mais bela que o normal, enquanto que o grande oceano da verdade continuou estendido e inexplorado diante de mim.[1]

Isaac Newton

---

1 Esta reflexão Newton a teria confiado a seu amigo Ramsey pouco antes de morrer. Cf. M. BERSANELLI, M.; GARGANTINI, M. *Solo lo Stupore Conosce. L'Avventura della Ricerca Scientifica.* Milano: Rizzoli, 2004, pp. 43-44; LUCRÉCIO, *De la Nature.* Paris: Les belles lettres, 1948, p. 92.

Eis uma verdade que convém ser selada: quanto mais um corpo possui virtudes e propriedades, tanto mais ele manifesta, por isso que ele contém em si espécies diversas e formas diferentes de princípios.

Lucrécio

INTRODUÇÃO

O ser humano enquanto ser humano não surge do nada; emerge até que lentamente, em um dado tempo, de uma imersão tanto em termos cósmicos e biológicos como em termos subjetivos ou sociais. Encontra-se numa imensidão de onde deverá descobrir ou instituir limites, localizar astros e estradas e nisso tudo, construir instrumentos de medidas e de relações. Quando imerso não se localiza e nem se relaciona porque só e perdido, na pura imensidão, não se delimita e nem estabelece seus tempos e lugares. No fundo, a sua grande tarefa e vocação de ser vivo e *a fortiori* de ser humano será vincular-se e localizar-se.

Como o ser humano fará isso? Como a humanidade fez isso? Em parte essa história já foi e está sendo contada e por certo, uma outra grande parte está ainda por ser escrita. Com isso, concordamos com Laplantine:

> *O que foi estudado da (nossa) identidade, que tem quase sempre um caráter gregário, é a herança, a raça, o sangue, o solo, o enraizamento em uma nação, a família, o nascimento, o determinismo da ascendência, isto é, a cor da pele [...]. A identidade reatualiza sempre, pela ritualização, um "fundamento" incontestável. Ela é um processo de reativação da origem.*[2]

---

2 LAPLANTINE, F. *Je, Nous et les Autres: Être Humain Au-delá des Appartenances*. Paris: Le Pommier-Fayard, 1999, p. 41.

E é assim que somos, como uma face de Juno: um olhar para frente e outro para trás sobre o fio da navalha do presente.

O ser humano compartilha com a vida como um todo, de uma longa e até agora, ainda bastante, misteriosa história. Dependeu e depende, radicalmente, como os primeiros seres vivos, de água, luz e atmosfera.[3] Para ter e dizer seu próprio nome, quando isso é importante e até necessário, depende de uma outra voz; até para ter voz dependeu de ouvir vozes. O aprendizado de sua voz e o que ela diz ou pode dizer depende de uma rede de eventos plena de ambiguidades, de tal modo que fora disso a sua voz não significa mais nada.[4] No mais, ainda que a linguagem humana tenha evoluído, com o passar do tempo e com o desenvolvimento neurológico e as sofisticações das relações, ela continua *acontecendo* exatamente como sempre: com as nossas estruturas fisioneurológicas e com as relações.[5] Nesse sentido, é com esse instrumental que o ser humano, estando imerso no meio biofísico, social e cultural, não estará apenas

---

3 Alexandre Meinesz depois de uma reflexão apaixonante sobre quando a vida teria surgido (3,8 bilhões de anos) e a sua aventura na Terra e das conjeturas sobre a sua origem, conclui com um pensamento segundo o qual não só a vida é um fenômeno fantástico, mas que ela também de algum modo, com toda a sua história, reside nos seres vivos de hoje. Cf. MEINESZ, A. *How Life Began: Evolution's Three Geneses*. Chicago: University of Chicago Press, 2008, p. 233.
4 HOPKINS, J. Evolution, Consciousness and the Internality of the Mind, em: CARRUTHERS, P.; CHAMBERLAIN, A. (Ed.), *Evolution and the Human Mind: Modularity, Language and Meta-cognition*. Cambridge: Cambridge University Press, 2000, p. 283.
5 BICKERTON, D. From Protolanguage to Language, em: CROW, J.C. (Ed.). *The Speciation of Modern Homo Sapiens*. Oxford: Oxford University Press, 2002, p. 103ss.; PLOOG, D. Is Neural Basis of Vocalization Different in Nonhuman Primates and *Homo Sapiens*? Em: CROW, J.C. (Ed.), *The Speciation of Modern Homo Sapiens*. Oxford: Oxford University Press, 2002, p. 121ss.

num *espaço* que está aí e que pode ser até constatado, mas estará imerso num campo de relações e em um mundo *fantasmático* cujo acesso é sempre mediado e revestido de sensações, sentimentos, lembranças, aprendizagens, conhecimentos, ritos e principalmente de fantasias.[6]

Um âmbito do saber que pode iluminar a compreensão da experiência humana com alguma profundidade seria área limítrofe entre a psicologia e a antropologia, ou seja, a antropologia psicológica (ou psicologia antropológica?) que lida com *os mundos subjetivos e socioculturais e as suas inter-relações*. Assim, nos termos de Ingham, pode-se estudar a psicologia individual e também social e as suas eventuais bases psicológicas da vida e práticas culturais. De algum modo isso pressupõe que o fenômeno humano esteja *ambientado* em horizontes no qual os *motivos* psicológicos e os *sentidos* culturais também tenham relevância. Essa abordagem não precisa ficar restrita a uma dada cultura, mas pode ultrapassar seus limites tanto em termos espaciais como temporais uma vez que o ser humano sempre esteve lidando com motivos e sentidos.[7] Entretanto, parece que o mais interessante não é ir em busca de algo válido para todos, em

---

6 Rorty em sua crítica à pobreza filosófica das ciências humanas contemporâneas sintetiza a perspectiva do ser humano diante de si como um enovelamento com três dimensões: *o físico é o temporo-espacial, o psicológico é não espacial, mas temporal e o metafísico não é nem espacial e nem temporal*. Cf. RORTY, R. *L'Homme Spéculaire*. Paris: Seuil, (1979), 1990, p. 31.
7 INGHAM, J.M. *Psychological Anthropology Reconsidered*. New York: Cambridge University Press, 1996, p. 1.

termos dos detalhes, mas em termos dos princípios.[8] O que se quer dizer com isso é que:

> Ação humana alguma faz sentido fora de uma gramática e de uma densa e recorrente combinatória de casos. Uma combinação ordenada e razoável de agentes, ações, cenários, objetivos e agências é a condição mínima não só para a descrição de uma ação, mas para a própria existência de uma ação significativa.[9]

E nessa *ação significativa*, ainda que seguindo percursos diversos, os seres humanos se encontram. Nessa mesma linha de raciocínio, tornam-se esclarecedoras as palavras de Enzo Bianchi:

> Falar de uma gramática humana significa, antes de tudo, (dizer) que o ser humano deve ser conhecido, estudado e compreendido. E uma vez que somos seres humanos, que nos situamos no âmbito do humano, corremos o risco de pensar que sabemos meio automaticamente o que seja "viver humanamente".

Mas, ampliando o seu raciocínio, Bianchi reconhece que o ser humano é o mesmo ser que se pergunta: "O que é o ser humano?". Com isso ele estabelece uma antropologia filosófica básica reconhecendo que o ser humano se afasta da instintividade animal pela

---

8 BELZEN, J.A. *Para uma psicologia cultural da religião. Princípios, enfoques, aplicações.* Aparecida: Ideias & Letras, 2010, p. 212ss.
9 ROSA, A.; CASTRO, J.; BLANCO, F. Otherness in Historically Situated Self-experiences: A Case Study of How Historical Events Affect the Architecture of the Self, em: SIMÃO, L.M.; VALSINER, J. (Eds.), *Otherness in Question: Labyrinths of the Self.* Charlotte: Information Age Publishing, 2007, p. 240ss.

razão e pela cultura e se humaniza pela sua *inscrição* em uma *simbólica* cultural delimitada. Talvez a compreensão dessa *gramática* humana torna-se ainda mais urgente quando os tecidos culturais e sociais perdem alguns de seus valores fundantes ou os traços fundamentais da *arte de viver*. Hoje se começa a sentir uma espécie de analfabetismo no que diz respeito aos atos fundamentais da vida. Lidar com a gramática do humano "significa recuperar os elementos essenciais, os vínculos de base, os costumes corretos e as declinações exatas da arte de viver como seres humanos". Bianchi reconhece que o abandono dessa tarefa seria a acolhida da desumanização, da coisificação e mercantilização do ser humano que se apresenta hoje de forma brutal com consequências nefastas.[10]

Com isso, a abordagem do ser humano ou de suas ações não pode mais, sem grande perda, ser feita a partir de uma única disciplina científica ou campo de saber; estaríamos retornando à filosofia pura ou pelo menos à antropologia filosófica com uma tarefa integradora?[11] Assim, pode-se ter grande ganho em se colocar campos de saber ricos e complexos, em atitude de diálogo e colaboração. Dado a temática que pode emergir desse tempo e campo, e que podemos já intuir do dito acima, a psicologia e a antropologia poderiam muito bem estabelecer algumas pontes de visitas entre suas *ilhas* de conhecimento. Por outro lado, não é

---

10   BIANCHI, E. Vivre l'Incarnation. Une Grammaire de l'Humain. *Études,* 2011, 155(415), 1-2, p. 68.
11   ARLT, G. *Antropologia filosófica.* Petrópolis: Vozes, 2008, p. 30.

fácil dizer o que seja a psicologia e o que ela quer, e o mesmo vale para a antropologia; podemos imaginar que seja ainda mais complicado fazê-las *cantar* junto, mesmo que não se esteja esperando um uníssono ou uma harmonia clássica qualquer.[12]

Nem sempre essas disciplinas têm claro quais são suas *tarefas*, até onde vão as fronteiras de seus objetos, então o que dizer dos seus possíveis pontos de intersecção e de diálogo com outras disciplinas; querer colocá-las para conversar – de convergir – não beira à temeridade? Mas sem esses riscos não se colhem novidades. Sem correr esse risco, a riqueza e mesmo a profundidade dos conhecimentos de cada uma dessas áreas vão continuar o seu caminho em paralelo e sem poder dizer muita coisa de genuína uma para a outra. E mais, talvez, com o tempo, esse ensimesmamento acabe por redundar em crises de aporias como já ocorreram. Essas crises, no mais das vezes, brotam da percepção de que o objeto, o seu objeto de estudo, não diz mais nada; e com isso que nem valha a pena para manter esses campos de conhecimento na existência ou pelo menos em um esforço de busca.

---

12 Aqui valeria a pena uma discussão de temas como o da "singularidade" no que diz respeito à vida (compreende-se o que acontece pelo que passou, mas não se pode imaginar o que virá pelo que se tem até agora), mas especialmente, do conceito de "emergência" elaborado por Bitbol, no que diz respeito ao salto qualitativo que surge das relações. Por exemplo, no que diz respeito ao objeto da psicologia e da antropologia, a ideia da emergência seria um excelente instrumento para o campo de encontro interdisciplinar. BITBOL, M. *De l'Interieur du Monde: Pour une Philosophie et une Science des Relations.* Paris: Flammarion, 2010, p. 627ss.; Ch. De LUVE, *Singularities: Landmarks on the Pathways of Life.* Cambridge: Cambridge University Press, 2005, pp. 1-9; 231-240.

Quanto à psicologia – uma ciência em crise desde o seu início e ainda em crise[13] – os primeiros estudiosos que lidaram com esse campo estudaram um pouco de tudo: ética, lógica, metafísica, problemas de relacionamento mente-corpo e só aos poucos começaram a pensar o que seria esse *estudo científico da alma* lidando com a assim chamada metodologia científica dos séculos XVIII e XIX, para o bem e para o mal.[14]

Mas que as coisas não foram e nem são fáceis transparece no comentário de Wittgenstein:

> *A confusão e a esterilidade da psicologia não se explicam pelo fato de ser uma ciência nova... uma vez que temos na psicologia métodos experimentais e confusão conceitual.*[15]

Nesses séculos de vida científica, se não tudo, quase tudo já foi usado para se lidar com a dimensão psíquica do ser humano: laboratório, fisiologia, biologia, sonhos, lendas, comparações, pesquisas intensas e extensas, locais, pontuais, longitudinais,

---

13 Ugo Galimberti desenvolve um excelente resumo tanto da história da psicologia quanto dos caminhos e descaminhos da mesma em relação ao seu objeto. Cf. GALIMBERTI, U. *Psiche e techne*: o homem e a idade da técnica. São Paulo: Paulus, 2008, p. 116ss.
14 Devemos admitir que as ideias e os métodos relativos ao estudo do psiquismo continuaram a caminhar (desde os gregos, pelo menos) e hoje se chega até a ter que admitir, quando se estuda a consciência psíquica, algo de meio "anímico" mesmo. Voltamos ao estudo da alma pelas abordagens empíricas e experimentais? Cf. DAMASIO, A. *Self Comes to Mind: Constructing the Conscious Brain*. New York: Pantheon Books, 2010, p. 316.
15 GORMAN, M.E. Psychology of Science, em: O'DONOHUE, W.; KITCHENER, R.F. (Eds.). *The Philosophy of Psychology*. London: Sage, 1996, p. 50ss; WITTGENSTEIN, L. *Investigações filosóficas*. São Paulo: Abril, 1984, p. 222.

símbolos etc. Os estudos psicológicos contemporâneos mais avançados lançam mão de um modo dinâmico dos *fenômenos culturais* de um jeito muito flexível, e deixam de lado alguns dos *entrilhamentos* metodológicos excessivamente rígidos, que tiveram e ainda têm lá seu valor, mas podem mais esconder que revelar.[16] Com isso, os recursos da cultura no sentido amplo, passaram a fazer parte do repertório instrumental da psicologia: literatura fantástica, narrativas, comportamentos espontâneos, rituais etc.

É claro que as descobertas da biologia, mais especialmente da fisiologia bioquímica neuronal, trouxeram muitas contribuições, mas tendem a ser mediadas ou diluídas pela fenomenologia cultural para que tenham um significado humano. É aqui que muitas vezes vemos a ciência se confrontar não com o que ela descobriu, mas com o que ela pode comunicar disso, mantendo um mínimo de fidelidade com o objeto estudado. Não raro, nesses casos temos muitos dados e poucas teorias unificadoras dos mesmos como se os *tijolos do conhecimento* parecessem muito mais um monte aleatório que uma construção. No campo da neurociência, temos já bibliotecas. Podemos, apenas para exemplificar, ter em mente o enorme trabalho de

---

16 Vale como exemplo o estudo da sutileza dos *lugares sociais, psicológicos e emocionais* presentes nos conteúdos dos diálogos e até na entonação de voz das conversas das pessoas. König sintetiza: *o modo como uma pessoa identifica a sua posição pessoal na cultura parece estar relacionado a escolhas idiossincráticas e a decisões que foram tomadas ao longo de sua história pessoal. Parece que as experiências vividas que se acumularam servem para promover uma certa posição cultural dentro do âmbito de um repertório de posições.* Cf. KÖNIG, J. Moving Experience: Dialogues between Personal Cultural Positions. *Culture & Psychology*, 2009, 15(1), p. 107.

Paul MacLean em que a partir de teorizações busca *organizar* as descobertas neurológicas de um modo ao mesmo tempo orgânico e evolutivo. Mas apesar de seu entusiasmo com a neurociência, ele adverte:

> *Ficamos de qualquer modo com a questão: é possível que um dia a inteligência humana se desenvolva de tal modo que possa vir a ser uma inteligência tão capaz de poder até compreender-se a si mesma e ao mesmo tempo, possa descobrir um braille para ler a mensagem misteriosa da evolução?*[17]

Dentro dessa mesma dinâmica, podemos além do mais citar a reflexão de Merlin Donald e sua tentativa de correlacionar o psiquismo e a cultura através do que ele chama de estágios de um psiquismo que se sofistica à medida em que evolui. Nesse caso o psiquismo passa de culturas ou quem sabe linguagens episódicas, para miméticas, e dessas para um processo mítico chegando por fim a uma elaborada cultura simbólica ou teórica. De qualquer modo, o que ele tem em mente é que os estágios posteriores não se desfazem dos anteriores e em determinados momentos há processos de avanços e de recuos.[18]

É nesse campo e tempo do *linguistic turn* – a guinada linguística – que vamos encontrar espaços para

---

17 MACLEAN, P. *The Triune Brain in Evolution: Role in Paleocerebral Functions.* New York: Plenum Press, 1990, p. 579.
18 M. DONALD, M. *Origins of the Modern Mind: Three Stagens in the Evolution of Culture and Cognition.* Cambridge: Harvard University Press, 1993; Para um resumo do pensamento de Donald, veja-se RENFREW, C. *Prehistory: The Making of the Human Mind.* New York: Modern Library, 2008, pp. 95-98.

um encontro entre a psicologia e a antropologia, e talvez muitas outras ciências.[19] O que se convencionou chamar de *linguistic turn* não é tão recente assim (deixando de lado o nominalismo), uma vez que já no século XIX filósofos alemães como Hamann, von Herder e von Humboldt estavam nessa linha da filosofia da linguagem; considerando também a linha experiencial ou vital que vai de Dilthey a Husserl. É claro que no século XX, pensadores como Heidegger, Gadamer, Apel e Habermas vão dar mais alguns passos adiante.

Em resumo, essa tradição aposta na capacidade reveladora da linguagem e com isso acentuam mais o seu aspecto comunicativo e não tanto a sua eventual função cognitiva; valoriza-se a dimensão da experiência e não tanto os conceitos prévios de abordagem. Mesmo assim Gadamer adverte:

> *Diferentemente da palavra divina, a humana é essencialmente imperfeita. Nenhuma palavra humana pode expressar o nosso espírito de uma maneira perfeita [...]. Ao contrário, porque o nosso intelecto é imperfeito, isto é, não é inteiramente presente a si mesmo naquilo que sabe, tem*

---

19   Edward Sampson lidando com a obra de Bakhtin, Mead e outros, fala de *dialogic turn* em que, além do evidente uso da linguagem – *conversation* – no qual há um retorno ou pelo menos uma *valorização* da alteridade, seja ela outrem seja como objeto. Cf. SAMPSON, E.E. *Celebranting the Other: A Dialogic Account of Human Nature.* New York: Harvester Weatheaf, 1993, p. 97ss.; Dentro da filosofia da ciência contemporânea há ainda um *turn* ulterior analisado por Bruno Latour no que diz respeito a uma visão um tanto ingênua da ciência, e que de algum modo questionaria a tendência analítica do *linguistic turn*; convida-o a ver a ciência que realmente se faz e não o discurso sobre a mesma. Cf. LATOUR, B. *La Science en Action.* Paris: La Découverte, 1995, p. 383ss.

necessidade de muitas palavras. Não sabe realmente o que sabe.[20]

A linguagem humana comunica, mas também busca dar uma *significação clara a algo obscuro*. Como se ao falar, além de gerar uma consciência de algo imerso, geramos também um sentido. Popelard sintetiza bem esse campo que buscamos entrar: o campo da interpretação dialogal. E nesse sentido, precisamos "de um simbolismo a ser interpretado, a construção de uma relação com o mundo e uma relação com as pessoas". Mas o ser humano lida ao mesmo tempo e a todo o tempo, com percepções, imaginação e memória.[21]

Entretanto, dado os desafios contemporâneos – mundialização, globalização, *choques culturais* etc. – cada vez mais os estudiosos da cultura em todas as suas dimensões estão sendo convocados a dizer uma palavra. Não estaríamos, então, chegando a uma espécie de *anthropological turn,* ou mesmo, *culture turn*? Clifford Geertz, em um resumo da situação, fala que desde a Segunda Guerra Mundial houve não apenas uma imensa produção no campo da antropologia, mas ao mesmo tempo uma *explosão* de paradigmas. Isso justificaria a sensação atual. Mas para o que temos em mente aqui, podemos dizer que em termos

---

20 GADAMER, H.G. *Verdade e método: Traços fundamentais de uma hermenêutica filosófica*. Petrópolis: Vozes, 1998, p. 618; quanto a um resumo do *linguistic turn* (virada linguística) veja-se a síntese do doutor em filosofia da USP Antonio Ianni Segatto no *link*: <www.scielo.br/scielo.php?script=sci_arttext&pid=S0101-31732009000100012>.
21 POPELARD, M.-D. Sur la Possibilité de Concepts Transversaux. Le cas de l'Interprétation, em: BOCHET, I. *et al. Comprendre et Interpréter. Le Paradigme Herméneutique de la Raison*. Paris: Beauchesne, 1993, p. 273ss.

de instrumentos de trabalho, vamos nos ater mais à questão da *linguagem* (fala, cotidiano, narrativa, ritualística etc.) em um sentido bem amplo, e como essas duas disciplinas podem lidar com a mesma em um eventual *campo comum*.[22] Dado os limites e as incertezas da empresa, ficamos com o pensamento dos três princípios de Morin: o dialógico (cada um tem algo a dizer a partir de si); o organizacional (produzir e ser produzido) e o hologramático (parte no todo, todo na parte e o todo mais que soma de partes).[23]

---

[22] No seu ensaio *An Inconstant Profession,* Geertz faz um resumo de sua vida e ao mesmo tempo das produções da antropologia desde os anos 1950. A antropologia lida hoje em dia com uma parafernália de tendências: fragmentação, dispersão, pluralismo, desmontagens (multi, pluri, trans etc.): *os antropólogos terão de trabalhar com dimensões ainda menos ordeiras, moldadas e previsíveis,* além de dimensões morais e ideológicas que vão e vêm em ondas. Cf. GEERTZ, C. *Life Among Anthros and Other Essays.* Princeton: Princeton Univesity Press, 2010, p. 199.

[23] MORIN, E. *Introdução ao pensamento complexo.* Lisboa: Instituto Piaget, 1990, pp. 106-110.

PARTE I
ANTROPOLOGIA E PSICOLOGIA:
EM BUSCA DE UM PONTO DE CONTATO

Nessa parte, em um primeiro momento, se apresentam as linhas gerais da tarefa da antropologia e da psicologia. Em seguida se considera a contribuição do pensamento de alguns autores que favorece o estabelecimento de uma rede de conceitos que dialoguem entre si na abordagem das dimensões significativas da cultura e do psiquismo no fenômeno humano.

1. Cultura e antropologia: linhas gerais

O significado dos termos "antropologia" e do campo de estudos da "etnologia" têm uma história dinâmica e multifacetada. Ainda que pareça óbvio, pela raiz grega da palavra, o que a "antropologia" estude, ou seja, que estude o ser humano, nem sempre é claro em que sentido o faz. Pelo menos, o modo como o faz está sempre em discussão. Tenhamos em mente, entretanto, que nos dias de hoje, poucos termos são mais polissêmicos que "cultura" e mesmo "antropologia".[24] Em resumo, e para a consideração aqui presente, estamos lidando com o que os meios acadêmicos americanos chamam de "antropologia cultural".

A partir do arco do tempo, inicialmente, na Europa, a antropologia foi o termo usado para o estudo da dimensão fisiológica do ser humano, ou seja, uma espécie de antropologia biológica. Mas o termo alemão *Anthropologie* foi até usado durante um tempo para descrever as características culturais dos povos. Mas foi o termo *Etnologia* que, na Europa Central, acabou por impor-se como um termo comum para lidar com os estudos tanto dos aspectos culturais como dos demais aspectos dos diversos povos (*Ethnologie* em alemão e *ethnologie* em francês). No continente europeu ainda hoje o termo "antropologia" denota mais a dimensão física

---

24 JUNQUEIRA, C. *Antropologia indígena: uma (nova) introdução.* São Paulo: Educ, 2008, p. 14; Uma citação clássica, ainda que bem datada é a de: KROEBER, A.; KLUCKHOHN, C. *Culture: a Critical Review of Concepts and Definitions.* Papers of the Peabody Museum, 1952, 47, n.1.

ou fisiológica do ser humano; cada vez mais, por outro lado, se usa também o termo "antropologia social" em vez de "etnologia". Em 1989, foi fundada a European Association of Social Anthropologists ou Association Européenne des Anthropologues Sociaux e com isso se confirma uma tendência. Na língua alemã temos ainda aspectos mais detalhados em *Volkskunde* ou *Völkerkunde*. O primeiro estuda o folclore e os costumes locais como o artesanato, já o segundo termo se equivale a *Ethnologie*. Em resumo, podemos dizer que na Europa, o termo "antropologia" refere-se a uma dimensão mais ampla e "etnologia" a aspectos culturais mais específicos.

Em termos norte-americanos temos que a antropologia como campo de saber está dividida em quatro áreas: antropologia biológica (também compreendida como antropologia física), arqueologia (ou também antropologia pré-histórica ou dos fósseis), antropologia linguística (da diversidade linguística) e antropologia cultural (de longe a área mais ampla e por isso muitas vezes simplesmente chamada de antropologia). Uma área recente é a antropologia aplicada que estuda aspectos antropológicos relacionados à medicina, à vida comunitária ou social, a desastres etc. Deixando de lado aspectos ligados à filosofia da ciência, um aspecto muito importante é o que diz respeito às teorias antropológicas e a etnografia; no geral, esses aspectos são profunda e intimamente relacionados. Nesse aspecto, se lida com as questões, os pressupostos, os métodos e as evidências que dão sustentação à proposta teórica.

A partir disso, o estudioso estabelece os procedimentos etnográficos, seja de observação, seja de exame ou análise da realidade cultural. Tenhamos sempre em mente que as diversas correntes da psicologia e da antropologia trazem atrás de si diversas correntes de filosofia, ou pelo menos de filosofias da ciência.[25]

No que diz respeito aos estudos do ser humano e de sua cultura no Brasil, temos uma história bem variada em termos de influências e mesmo de contribuições. Em linhas gerais, talvez, possamos lidar com três momentos. No primeiro momento o ser humano, objeto de estudos antropológicos, era os aborígenes e mesmo os negros com um objetivo claro de registrar os seus limites e mesmo a sua inferioridade. No segundo momento, esses continuaram a ser objetos de estudos, mas já dentro do clima das culturas esquisitas e distantes do *centro* que era a Europa e seus padrões. No terceiro momento, dentro de uma reflexão diversa, o ser humano, morador dessa terra, é visto como construtor de uma cultura original que tem características próprias.[26] O que seja o Brasil, em termos de seu povo,

---

25 Alan Barnard apresenta, além do mais, um excelente resumo das tendências paradigmáticas muito úteis aos estudiosos, por exemplo, as perspectivas teóricas diacrônicas, sincrônicas e interativas, também quanto ao acento, mais da dimensão social ou na cultural. Cf. BARNARD, A. *History and Theory in Anthropology*. Cambridge: Cambridge University Press, 2000, p. 1ss. Uma outra síntese temos em: LAPLANTINE, F. *Aprender antropologia*. São Paulo: Brasiliense, 1988.

26 Um exemplo dos estudos classificatórios com claros traços indicativos da inferioridade cultural e das pessoas negras e indígenas temos em: *A Journey to Brazil* (1867) de Louis Agassiz. Os principais centros de estudos da etnologia no Brasil estiveram em São Paulo e no Rio com influências da França, Alemanha, Inglaterra, Estados Unidos e seus referenciais, para o bem e para o mal. Um resumo da caminhada da antropologia no Brasil, com os limites de todos os resumos, pode ser visto em Julio Cezar Mellati no *link*: <www.vsites.

nos termos de Darci Ribeiro foi e é um "criatório de gente", mas que deve muito do que é à sua história que em um momento foi uma simples "feitoria" passando depois a ser um simples "consulado". Em vista disso, os moradores daqui não são mais que habitantes de uma grande pátria escrava que por fim passa a chamar-se de pátria operária, mas "os interesses e as aspirações do seu povo jamais foram levados em conta". Em resumo, para ele, o Brasil e a sua gente, ainda hoje são uma terra e um povo em "fazimento".[27]

Quanto ao lugar da antropologia, e em especial do antropólogo, no Brasil, Roberto Cardoso de Oliveira elabora, através de uma série de reflexões, as idas e vindas desse campo de conhecimentos. Reconhece ele que há um caminho que passou desde a simples "colonização" teórica – ora da Europa, ora dos países anglo-saxônicos – até passando por uma espécie de contraposição periférica, e chegando aos dias de hoje em que a antropologia brasileira busca trazer a sua contribuição original que talvez possa ser resumida nos termos "etnicidade" e "eticidade". Penso não estar longe do pensamento de Cardoso de Oliveira, quando afirmo com ele que a missão da antropologia seria a de:

> *Assegurar as melhores condições possíveis para uma comunicação não distorcida (que) tanto mais é indispensável quanto maior for a*

---

unb.br/ics/dan/Serie38empdf.pdf>. Quanto à obra de Agassiz, cf. HAAG, C. As fotos secretas do professor Agassiz: Exposição e livro trazem à luz imagens polêmicas feitas por rival de Darwin. *Pesquisa,* 2010, 175, p. 80ss.
27 RIBEIRO, D. *O povo brasileiro.* São Paulo: Cia das Letras, 2009, p. 404.

distância entre os campos semânticos em interação dialógica.[28]

Com isso, a missão da antropologia amplia-se para além dos povos aborígenes, estranhos e as singularidades culturais, e passa a ser uma missão de aproximação dos seres humanos em suas diferenças. Outra área que passaremos aqui ao largo, mas que merece atenção é a antropologia filosófica, que busca responder a questão: "O que é o ser humano?". A bem da verdade, talvez essa dimensão sempre esteve presente no esforço cognitivo humano; e mais, quer queiramos ou não, com senso mais crítico ou mais ingênuo, estamos sempre lidando com alguma antropologia filosófica implícita nas ciências. Afinal, como é que uma ciência que queira ser humana não tem uma "ideia" do que seja o ser humano? O tipo de resposta dada a essa questão constitui no fundo o caminho das relações do ser humano consigo mesmo, com os demais e com o meio ambiente ao longo de toda a história. Todos são iguais? Todos os humanoides são seres humanos? Qual é o valor mais importante do ser humano?[29]

Dada a complexidade e a dinâmica do fenômeno abordado pela antropologia, foi até normal que a sua

---

28 OLIVEIRA, R. Cardoso de. *O trabalho do antropólogo*. Brasília/São Paulo: Paralelo/Unesp, 2006, p. 180.
29 Para uma abordagem introdutória veja-se GALANTINO, N. *Dizer homem hoje: Novos caminhos da antropologia filosófica.* São Paulo: Paulus, 2003; para um estudo mais alentado temos a monumental obra *Nova antropologia* de Gadamer e Vogler em 7 volumes. Especialmente no nosso caso veja-se: GADAMER H.G.; VOGLER, P. (Eds.), *Nova antropologia – Antropologia filosófica: O homem em sua existência biológica, social e cultural.* São Paulo: EPU/EDUSP, 1977, 2 vols.

história fosse quase que a história de suas teorias, métodos, sucessos e fracassos. Dizia-se que de início, quanto mais longe da Europa o fenômeno ocorresse, mais próximo estaria da etnologia; depois parece que não seria mais a distância que importava, mas a estranheza ou esquisitice. Em nossos tempos, parece que a antropologia *at large* se volta até para o "estranho e misterioso vizinho da porta ao lado" esteja ele onde estiver.[30] A antropologia, por vias das mais diversas, sempre esteve se digladiando com linguagens e não somente com a língua, obviamente, mas no fundo, com o outro e os meios de se chegar a ele. Nesse sentido, "é um esforço sistemático para decifrar os modos e os estilos de vida diferentes adotados por outros povos".[31] E por que não, também por nós mesmos.

A cultura como um todo é um campo linguístico, um campo narrativo, e nos termos de Sperber, um campo a ser interpretado.[32] Não vamos aqui entrar nas dezenas de definições, mas apenas sinalizar para a polissemia do termo, como sinalizamos acima. Raymond Williams apresenta um excelente resumo quanto ao assunto, partindo da própria raiz semântica do termo: cultura é o resultado de um processo de cultivo.

---

30 Houve um certo desencanto entre os estudiosos, quando se descobriu que as palavras isoladamente não dão conta das mensagens. Elas não só estão em um léxico, mas também em uma gramática e até mesmo em uma poética. Sem entrar nessa, não se acolhe a mensagem. Cf. BLOCH, M.E.F. *How we Think they Think: Anthropological Approaches to Cognition, Memory, and Literacy.* Boulder: Westview Press, 1998, p. 6.
31 JUNQUEIRA, C. *Antropologia indígena, op. cit.*, p. 9.
32 A cultura apresenta-se como um fenômeno em processo de representação. Com isso a interpretação é, na realidade, uma representação de uma representação. Cf. SPERBER, D. *Explaining Culture: A Naturalistic Approach.* Oxford: Blackwell Publishers, 1996, p. 34.

Quando o conceito se relaciona à vida humana, uma série de vertentes, detalhes, caminhos, teorias, passam a ser associados ao que Herder chamaria de "todo um estilo de vida de um grupo de pessoas".

À medida que os estudos foram sendo levados adiante no campo vasto da antropologia, aspectos como a biologia e fisiologia humanas, as estruturas políticas dos diversos grupos, as redes de parentesco, a língua, as religiões e seus rituais, em resumo, tudo o que fosse diverso e ao mesmo tempo produto da ação humana era "objeto da antropologia". E isso ao mesmo tempo no seu todo e em suas particularidades. Por fim, em termos de uma chegada, pode-se afirmar que a cultura "é todo um modo de viver dentro do qual se entrelaça essencialmente um sistema de significados que se vincula a todas as formas de atividades sociais". É claro que isso se traduz para as visões gerais do mundo, do ser humano e de suas relações até os detalhes miúdos do cotidiano em que uma gota de feijão em um momento é sujeira e em outro é condimento dentro do processo complexo de criação de símbolos.[33] Entretanto, o maior desafio para a compreensão da cultura está exatamente no processo de *tradução* dos eventos da experiência, de sua leitura primeira por quem o experimenta, na leitura segunda para quem o presencia e, por fim, na

---

33 WILLIAMS, R. *Culture*. London: Fontana, 1981, pp. 12-13. O exemplo prosaico da *leitura* das gotas de feijão nos é dada por Carmen Junqueira: à mesa, isto é, no espaço de um metro quadrado, se um pouco de feijão é posto ou cair sobre o arroz que está no prato é visto como *alimento* ou *condimento,* mas se por acaso cair na toalha, ao lado do prato ou respingar na camisa de quem se serve, passa a ser sujeira. Cf. JUNQUEIRA, C. *Antropologia indígena, op. cit.*, p. 13.

leitura terceira por quem o interpreta dentro de um outro sistema de significados. Esse processo é algo da ordem do dia nos estudos de antropologia.

Podemos fazer nosso pensamento e a síntese de Clifford Geertz quando ele diz que os binários de dentro *versus* o de fora, em primeira pessoa *versus* em terceira pessoa, abordagens fenomenológicas *versus* abordagens objetivistas; ou ainda, em termos psicológicos, abordagens comportamentais *versus* cognitivistas, ou então outras até mais recentes como as êmicas *versus* éticas, foram todas tentativas que levaram mais a criar tendências divergentes de abordagens que respeito pelo objeto em sua complexidade. Por fim Geertz julga que ainda, apesar de todas as vicissitudes, a "experiência próxima", em oposição à experiência distante, é o melhor modo de admitir a presença do fenômeno cultural em sua complexidade.[34]

Um aspecto que concorre diretamente para a compreensão do dito acima é a questão da linguagem, no sentido amplo. De início, os estudiosos até fizeram um esforço enorme para se chegar à língua dos povos estudados. Mas isso, hoje em dia, é consenso de que não é tudo e nem suficiente. É a questão na narrativa que entra em foco. "A cultura molda as narrativas das quais a subjetividade humana emerge. As culturas sempre estiveram em movimento e a narrativa facilita

---

34 GEERTZ, C. *O saber local: Novos ensaios em antropologia interpretativa*. Petrópolis: Vozes, 1998, p. 85. Quanto às diversas vertentes, "crises" e críticas das abordagens antropológicas, veja-se: OLIVEIRA, R. Cardoso de. A Antropologia e a "crise" dos modelos explicativos, em: OLIVEIRA, R. Cardoso de. *O trabalho do antropólogo, op. cit.*, p. 53ss (especialmente, p. 63).

essa movimentação. E os movimentos potenciam as mudanças. As narrativas e os modos de fazê-lo estão também elas em movimento de teor mais ou menos sutil. As mudanças globais nas atividades narrativas humanas incluem as linguagens nas quais as suas estórias são contadas." Ora, se a cultura apresenta-se como uma linguagem e como uma rede de histórias, os estudos das narrativas passarão a ser central, tanto para a compreensão do que está presente no agora, como do que está ensejando mudanças e no que elas redundam. E com isso, na compreensão dialógica dos fenômenos culturais e suas narrativas, no amplo horizonte do *linguistic turn* podemos encontrar tanto a psicologia como a antropologia; a psicologia no que diz respeito à leitura das dimensões psicológicas da cultura, e a antropologia no que diz respeito ao sentido da dimensão da rede de significados das experiências psicológicas. E isso está tanto presente nas narrativas – no sentido amplo do termo – como na ritualística, de tal modo que tanto podemos usar para isso os termos psicologia cultural como antropologia psicológica.[35]

Em termos meio intuitivos, podemos dizer que tanto a psicologia como a antropologia lidam com algo do cultural não apreensível diretamente; apenas traduzível. Por isso, talvez seja em um mundo "fantástico" que elas podem se encontrar.

---

35 WILCE JR., J.M. Narrative Transformations, em: CASEY, C.; EDGERTON, R.B. (Eds.). *A Companion to Psycological Anthropology: Modernity and Psychocultural Changes.* Oxford: Blackwell, 2008, p. 123ss.

2. Antropologia e psicologia: *Tempo de sonhos*

O campo da experiência humana que tanto a psicologia como a antropologia têm em mente é um tanto impreciso e mesmo imerso em um lusco-fusco em termos de compreensão, de tal modo que podemos chamar de mundo fantástico. A ele temos algum acesso, mas seu horizonte precípuo de algum modo sempre nos escapa. É aqui que encontramos uma enorme quantidade de instrumentos que vão procurar fazer uma ponte entre o que Sperber vai chamar de a "representação mental" e a "representação pública ou cultural". Com isso em vista vamos lidar, em um primeiro momento com algumas ideias de Hans Peter Duerr, e a seguir com outros autores.[36]

Ainda que a obra de Hans Peter Duerr seja ampla e interessante, temos em mente aqui precipuamente, um de seus escritos, *Traumzeit* (*Tempo de sonhos*) que lida com os limites entre o que se poderia chamar de mundo humano selvagem e o mundo da civilização ou do cultural. Não temos em mente, para apresentá-lo como o modelo ou o exemplo, mas simplesmente como um caminho de exercício de diálogo. Ele, por sua vez, não é o único a lidar com essa "passagem" de mundos. De um modo geral, os estudos das diversas formações culturais direta ou indiretamente, estiveram envolvidos

---

[36] McCAULY, R.N.; LAWSON, Th. *Bringing Ritual to Mind: Psychological Foundations of Cultural Forms*. Cambridge: Cambridge University Press, 2002, p. 39. SPERBER, D. *Explaining Culture: A Naturalistic Approach*. Oxford: Blackwell Publishers, 1996, p. 32.

com isso. Um autor bastante conhecido, nesse sentido, é Norbert Elias, mas podemos encontrar muitas fontes até singulares nesse campo em Freud, Jung, Turner.[37] Duerr pode ser classificado nessa obra como um filósofo da etnologia, nos termos de Cassinari, e é nesse sentido que nos interessa. Duerr admite a sua divergência com Elias – o processo civilizatório como foi visto por Elias (especialmente em suas obras iniciais) seria um processo de controle dos instintos com fortes traços de leitura eurocêntricos e até com elementos de preconceitos; já Duerr vai dizer que ele não se opõe à existência de processos civilizatórios, mas esse processo é um processo de integração da *Wildnis* (Natureza Selvagem) que não é um território ou uma "razão selvagem a ser temida ou exaltada acriticamente", mas uma dimensão existencial ontológica (Heidegger). A *Wildnis* tem sua fronteira com o espaço cultivado e familiar de uma forma de vida própria (*Lebensform*). A divergência não está somente no que ancora o processo civilizatório, mas no substrato filosófico dos dois autores. Por isso Duerr vai dizer "que ele não tem a intenção de inverter a teoria da evolução da civilização aceita para que

---

37 Entre Norbert Elias e Hans Peter Duerr temos duas dissensões: a primeira está relacionada aos motivos do processo civilizatório. Duerr discorda das bases apresentadas por Elias. Para Cassinari, Duerr desautorizaria a ideia de que o *controle dos instintos* teria sido o grande motivo da civilização. Mas talvez o mais sólido mesmo sejam as ancoragens filosóficas de ambos: para o sociólogo Elias, a Escola de Frankfurt e para o filósofo Duerr, a tradição heideggeriana existencialista. Cf. CASSINARI, F. Natura Selvaggia e Cultura: Hans Peter Duerr e la Fondazione Filosofica dell'Etnologia, em: DUERR, H.P. *Tempo di Sogno*. Sui limiti tra Dimensione della Natura Selvaggia e Processo di Civilizzazione. Milano: Guerini e Associati, 1992, pp. 261-270, especialmente pp. 263-265.

passe a ser uma teoria da decadência e daí nós seríamos os 'selvagens' e os 'outros' os civilizados". E com ironia ele acrescenta que não faltam motivos para se dizer que em muitos aspectos nós, os assim ditos "civilizados' ", somos bastante selvagens.[38]

Duerr pode ser compreendido como um "antropólogo psicologizante"; um estudioso da dimensão fantástica do ser humano que leva em consideração os aspectos culturais e psicológicos do ser humano. Tendo isso em mente, Duerr lança mão conceitualmente de uma contraposição entre algo a que ele chama de *Wildnis* e a civilização (*Kultur*). Esse *Wildnis* pode muito bem ser traduzido pela nossa "dimensão selvagem", isto é, ao mesmo tempo inculta e vinculada profundamente à natureza. Essa dimensão selvagem insinua-se na vida humana através do que Duerr vai chamar de *Traumzeit*, que podemos chamar aproximativamente, com Cassinari, de *Tempo de sonho*. Na síntese de Cassinari, o pensamento duerriano afirmaria que a vigília (espaço) vem do sonho (tempo) assim como a *Kultur* provém da *Wildnis*. Duerr chama a atenção de que na nossa civilização (ou melhor, a compreensão que temos dela), de um certo modo, a "realidade" se confundiu com o "tempo de vigília", e exclui tudo e a todos os que vivem fora dela: isto é, os "selvagens", as bruxas, os perturbadores da ordem de toda sorte. "O Sonho e a Wildnis, em resumo, não

---

38 DUERR, H.P. *Nudità e Vergogna. Il Mito del Processo di Civilizzazione*. Venezia: Marsilio, 1991, p. 5. Com Cassinari, mantivemos a tradução de *Kultur* por *Civilização*, apenas para efeito de clareza, apesar da ambiguidade que isso implica.

têm um tempo e um espaço reais [...] do mesmo modo que a Vigília e a Civilização".[39]

Muitas civilizações ergueram entre essas duas dimensões uma espécie de barreira, de tal modo que essa barreira acabou por tornar os seres humanos estranhos a si mesmos. Tomemos, pois, como um ponto de avizinhamento do que dizíamos acima, os termos de Hans Peter Duerr:

> Nas civilizações que definimos como "arcaicas" existe, diversamente da nossa, uma consciência muito clara do fato de que somente podemos ser o que somos, somente e somente se, ao mesmo tempo, somos o que não somos, e que somente podemos saber quem somos fazendo a experiência de nossos limites, e com isso, como diria Hegel, ultrapassando os mesmos.[40]

A nossa cultura, reconhece Duerr, paga um preço muito alto pelo fato de ter abandonado essa dimensão selvagem; o fato de negá-la nos tornou selvagens.

> Viu-se que civilizações como a nossa, pouco interessadas na consciência de si, acabam muitas vezes por subjugar-se à própria natureza selvagem, exatamente quando buscavam civilizá-la. Não devemos, portanto, admirar-nos que em uma civilização desse tipo, a compreensão de tudo o que não lhe pertença assuma, normalmente, o caráter de conquista pela submissão, ou o do fechamento defensivo.[41]

---
39 CASSINARI, F. Natura Selvaggia e Cultura, op. cit., p. 263.
40 DUERR, H.P. Tempo di Sogno. Sui Limiti tra Dimensione della Natura Selvaggia e Processo di Civilizzazione. Milano: Guerini e Associati, 1992, p. 133.
41 Idem, p. 134; CAZAROTTO, J.L. A cultura e a dimensão selvagem da

Os exemplos, segundo Duerr, são infinitos. O encontro com o diverso, com o desconhecido, quando ancorados nessa negativa da *Wildniss*, tende a ser catastrófico. Até mesmo uma "inocente" narrativa da vida da família, pode revelar isso. Tomemos como exemplo o que vêm escrito na crônica de Von Zimmern (1485-1575), um nobre cronista do século XVI, que com certa ironia já afirmava:

> *É mesmo incrível, não se pode compreender nem mesmo com a razão; muitos de nossos mestres devotam-se somente aos textos e não sabem que existe ou não acreditam nos livros do cotidiano de onde tiram tudo o que sabem.*[42]

E Duerr com mais ironia ainda afirma:

> *Existem cientistas – e não raramente são psiquiatras – que se ocupam desses fenômenos (do âmbito entre o psíquico e a realidade) e até são pagos por isso.*

Essa falta de integração da dimensão selvagem e da dimensão, digamos, culta gera uma compreensão

---

alteridade: Alguns conceitos e reflexões para um encontro com o estranho – Hans Peter Duerr. *Espaços*, 2000, 8(2), pp. 143-153.

42 A *Zimmerische Chronik*, ou ainda *Chronik der Grafen von Zimmern*, às vezes chamada ainda de *Crônica dos Címbrios* e até mesmo *Crônica Címbria*, é uma obra do século XVI que busca relatar a saga de uma família desde tempos imemoriais. Foi escrita por Froben Christoph Von Zimmern entre os anos de 1540 e 1566. O que mais nos interessa da obra é de um lado a relação com o passado – gênesis da história da família – e como as pessoas se *representavam*, e por outro lado a elaboração das primeiras críticas e contraposições das abordagens científicas e à mentalidade da sociedade de então. Cf. BASTRESS-DUKEHART, E.: *The Zimmern Chronicle. Nobility, memory, and self-representation in sixteenth-century Germany*. Ashgate: Aldershot, 2002. <www.upload.wikimedia.org/wikisource/de/4/4c/Zimmerische_Chronik_Enzyklop%C3%A4discher_Teil.pdf>.

falsificada do ser humano e de sua experiência. A ciência contemporânea, com isso, acaba por contrapor a realidade com a aparência, isto é, entre o *eu* (realidade) e *não eu* (aparência).[43] Tudo o que estiver para além do *eu* não passa de *projeção*. E mais, a dissolução desse limite seria uma manifestação clara de patologias. Fala-se até da incapacidade de se distinguir as duas realidades, isto é, a da mente e a do mundo externo.

> *Alguns etnopsiquiatras instituíram até mesmo a ideia de que a realidade seria realmente o real e pensam que, acreditar que os limites da realidade não coincidam com os limites da fronteira, seja uma reação que nasce do temor diante do silêncio da matéria.*[44]

E outros vão ainda mais longe, dizem que o que está além das fronteiras de nossa experiência não tem nada de valor para o estudioso ou o cientista.

***

---

43 Aqui o que Duerr compreende por *aparência* não é exatamente *não realidade*. Em alemão temos dois termos: *Wirklichkeit* e *Realität,* que grosso modo, podemos traduzir com Cassinari por *realidade efetiva* e *realidade* (a primeira seria o que Kant vai chamar de *noumenon* em contraposição ao *phenomenon*); a primeira é a realidade ôntica (ser), ou seja, é a que encontramos dentro de uma forma bem particular de civilização (*Kultur*) e está visceralmente relacionada ao cotidiano; não é acessível e é no fundo única. Já a *realidade* é mais ampla (é o fundamento ontológico da realidade efetiva), e abrange além da *realidade efetiva* também os limites e a dimensão selvagem da *Kultur*. Para Duerr o etnólogo deveria buscar essa última realidade. A compreensão da *realidade* é central para se compreender a *vivência da experiência* e daqui poder-se compreender a *realidade efetiva*. Em uma mesma *realidade efetiva* podemos ter diversas *realidades* e essas vão depender do tripé: espaço da civilização (*Kultur*), fronteira e dimensão selvagem da mesma. Cf. CASSINARI, F. *Natura Selvaggia e Cultura.* p. 263.
44 DUERR, H.P. *Tempo di Sogno,* p. 95.

Como esse *tempo de sonho* está profundo e visceralmente relacionado com a nossa vida, basta entrar em um mercado, pensar em todo o mundo do vestuário, dos modismos, das fantasias que recobrem as nossas experiências de compra; pensar nas campanhas eleitorais que vencem mais pelas promessas do que pelas propostas; nos sonhos que os pais depositam na vida dos filhos. E assim por diante. Aqui podemos encontrar com facilidade, um campo de encontro entre a dimensão psicológica e a antropológica do ser humano: no mundo de sonho. Mais adiante, com o pensamento de Ernst Boesch, podemos pôr par, dialogar esse mundo do fantástico de Duerr ou com o da ação simbólica.

Apenas para termos uma síntese inicial e um ponto de partida, uma vez que a literatura da interface psicologia e antropologia já é bastante ampla, vamos lançar mão do resumo de Strauss-Quinn do lado da psicologia, no qual já podemos ver esses pressupostos acima:[45]

---

45 STRAUSS, C.; QUINN, N. *A Cognitive Theory of Cultural Meaning*. Cambridge: Cambridge University Press, 1999, p. 8.

> 1. não podemos explicar os significados culturais a não ser quando os vemos como criados e mantidos na interação entre os âmbitos extrapessoal e intrapessoal. A força e a estabilidade dos significados culturais, bem como as suas possibilidades de mudança e de variação, são o resultado dessa interação complexa;
>
> 2. os pensamentos, sentimentos e motivos intrapessoais, de um lado, dessa interação, não são simples cópias de práticas e mensagens extrapessoais, por outro lado, as dinâmicas desses âmbitos são diferentes;
>
> 3. por isso, precisamos saber como a *mente* funciona a fim de compreendermos como as pessoas se apropriam de suas experiências e agem nela, algumas vezes para recriar e em outras para mudar o mundo público social;
>
> 4. precisamos examinar a socialização até os mínimos detalhes para se compreender as formas concretas da cultura extrapessoal dos que *aprendem* o mundo e sermos capazes de examinar o que esses *aprendizes* internalizam, nos diversos momentos de sua vida a partir da experimentação das coisas.

Quadro 1 – Psicologia e antropologia, Strauss-Quinn.

Nessa linha de pensamento, Strauss e Quinn admitem que esse mundo relacional entre o íntimo do ser humano e o mundo exterior da experiência humana foi e ainda é – e possivelmente ainda o será – um campo bem complicado para as ciências do ser humano. Elas, nesse sentido, trabalham com uma tradição nesse campo afirmando que qualquer que seja a natureza desses mundos interior e exterior, e a compreensão que se tenha dos mesmos, "eles não são mundos isolados". Ainda que distintos, diferentes, com características evidentemente diversas, mesmo assim estão visceralmente relacionados. Eles têm uma separação "fronteiriça", uma *Grenze,* nos termos de Duerr, mas essa é permeável. Os dois "moradores" não só se avistam assim como o eremita avista a cidade, mas também se relacionam e precisam um do outro. Dentro desse campo, Hannerz sintetiza, ressoando de algum modo o pensamento de Dan Sperber:

> *Como eu vejo as coisas nesse momento, a cultura tem dois tipos de* loci, *e os processos culturais acontecem nos procedimentos de suas inter-relações desses* lugares. *De um lado a cultura está ancorada em um leque de formas públicas significativas, que na maior parte das vezes podem ser ouvidas ou vistas e que são um pouco menos conhecidas através do tato, do olfato ou do paladar, bem como pela combinação de sentidos. Por outro lado, essas formas abertas somente são tidas por significativas porque o psiquismo humano detém instrumentos para interpretá-las. O fluxo cultural, portanto, consiste da externalização do sentido que os indivíduos produzem através de arranjos de formas abertas, e das interpretações que os indivíduos fazem de tais apresentações – tanto as dos outros como as suas próprias.*[46]

3. A psicologia e a experiência humana

No final da reflexão acima, dois termos ou conceitos – formas públicas significativas e formas íntimas significativas – podem de algum modo referir o campo da Psicologia e o da Antropologia – para efeito de uma ancoragem inicial – isto é, os campos do mundo íntimo e o do mundo exterior. Podemos, apenas para

---

46 HANNERTZ, U. *Cultural Complexity: Studies in the Social Organization of Meaning.* New York: Columbia University Press, 1992, p. 4.

efeito de uma primeira abordagem, dizer que a psicologia lida com esse mundo interior, com algo que bem amplamente podemos chamar de psiquismo e suas manifestações. Em seu núcleo epistêmico, ela está na mesma situação da antropologia: ela só pode lidar com o seu objeto de uma forma dialética, nos termos de Burke: "Quando as coisas são tratadas através de outras coisas".[47]

Psicologia de algum modo sempre existiu. Ou pelo menos nos termos de Leal Ferreira, citando Hebbinghaus: "A psicologia tem um longo passado, mas uma história curta."[48] Em termos de importância, apesar de não se saber exatamente do que se tratava, o dicionarista Mingard, no século XVIII, já afirmava: "Qual é a ciência que não mereça a nossa atenção e que não tenha a *psicologia* por base, como princípio e guia?". Fernando Vidal vai mais longe e afirma que praticamente tudo – pelo menos no que tange à fenomenologia humana – estava relacionado com a psicologia:

> Teologia e a imaterialidade e imortalidade da alma, a ética e a identificação de ações morais, a política e o modo de governar os seres humanos, e finamente a lógica e o modo de adquirir conhecimento e de se distinguir o falso do verdadeiro, o certo do provável.[49]

---

47   BURKE, K. *A Grammar of Motives*. Berkeley: University of California Press, 1969, p. 38.
48   FERREIRA, A.A.L. O múltiplo surgimento da psicologia, em: JACÓ-VILELA, A.M. *et al*. (Eds.). *História da psicologia: Rumos e percursos*. Rio de Janeiro: Nau, 2007, p.13ss.
49   VIDAL, F. "A mais útil de todas as ciências". Configurações da psicologia desde o Renascimento tardio até o fim do Iluminismo, em: JACÓ-VILELA, A.M. *et al*. (Eds.). *História da psicologia, op. cit.*, p. 47ss.

Desde que os seres humanos de algum modo adquiriram a consciência de uma presença de algo ausente, eles começaram a fazer psicologia. Pode ser mesmo que a lembrança tenha sido a primeira experiência psíquica questionadora! De onde vêm as ideias, os pensamentos, o número, as formas perfeitas? Uma vez que eles não são encontradiços na vida normal? Vemos que Platão, já lidando com os ideais e com essas ideias e o modo como elas ficam confusas na vida do comum, dos mortais, lança mão da *anamnese*:

> O ser humano compreende a partir da ideia, libertando-se das numerosas sensações [...]. E isso não é outra coisa senão a reminiscência daquilo que a nossa alma viu em um outro tempo, quando vivia com os deuses [...]. O ser humano deve servir-se de tais recordações [...], pois esse é o único meio de ser verdadeiramente perfeito.[50]

Mas Platão mesmo adverte que se alguém se meter a lidar com isso, poderá ser tomado por louco, enquanto que na realidade, estaria apenas sob a orientação de um dos deuses. Mas a ciência da alma percorreu muitos caminhos e ainda hoje luta para ser aceita no âmbito das *filhas reconhecidas* da filosofia.

Na história da ciência, desde o Iluminismo, o grande problema foi sempre o substrato teórico e metodológico das ciências, especialmente, as humanas. No ambiente alemão, a solução veio através de um truque terminológico ou conceitual, de enfoque e

---

50 PLATÃO. Fedro, o de la Belleza, em: *Obras completas*. Madrid: Aguilar, 1986, p. 866.

metodológico: a *Naturwissenschaften* e a *Geiteswissenchaften*, isto é, as ciências da natureza e as humanidades. Mas houve, mesmo aí, sempre presente, a sombra da *eficiência* das ciências da natureza a se misturar com as *divagações* das humanas.

O próprio *fundador* da psicologia, Wilhelm Wundt, em parte lidou com modelos tidos então por experimentais, mas deixou espaço, e por sinal, muito espaço, na sua *Völkerpsychologie* para um campo mais humano da psicologia cuja metodologia não era clara, mas seria no mínimo *flexível*. Aliás, algo que nunca ficou muito claro, o que seria, nem mesmo para ele, segundo Von Belzen. Entretanto, deixa claro que a psicologia é uma ciência empírica, cujo objeto é a experiência imediata.[51]

Em resumo, podemos dizer que a psicologia, lidando com métodos e instrumentais mais próximos das ciências *naturais* ou *sociais,* tem em vista o estudo do psiquismo humano em suas manifestações diretas e indiretas. A sua história, como ciência ou como abordagem mais espontânea, é a história das questões que o ser humano se faz diante de suas experiências desde as simples experiências sensoriais até as elaborações mais complexas como os sonhos, os mitos, as elaborações mentais mais sofisticadas. Assim como a construção da rede de significados é mediada pela parafernália cultural – instrumentos, ritos, rituais, música etc. – assim também a *tradução*

---

51 VON BELZEN, J. *Para uma psicologia cultural da religião, op. cit.*, p. 228ss.; ARAÚJO, S. de Freitas. Wilhelm Wundt e o estudo da experiência imediata, em: JACÓ-VILELA, A.M. *et al.* (Eds.). *História da psicologia, op. cit.*, p. 93ss.

dessas experiências requer uma ampla gama de mediadores psíquicos que não raras vezes, comungam com os mesmos meios da cultura. Por isso, o amplo campo da experiência cultural está imbricado com a experiência psíquica: emoções e ritos, músicas etc.; explicações e monumentos, artes etc. Nosso intento aqui não é apresentar a psicologia ao longo de sua história, mas assinalar especialmente que ela, em termos de objeto, se aproxima do objeto da antropologia, sendo que para tanto, ela deve ser capaz de exercer uma flexibilidade epistemológica tanto na consideração de seu objeto, quanto nas metodologias estratégicas.

No que diz respeito à psicologia, Eckensberger nos apresenta uma síntese que para o nosso intento é bastante ilustrativa.[52] Fundamentalmente, a psicologia em termos de modelos plasmáticos ficou entre as metáforas do *mecânico* e o *orgânico* ou organísmico.[53] Entretanto, como fica evidente, o reducionismo implícito levou sempre mais à insatisfação tanto com o alcance da psicologia quanto com a propriedade de sua abordagem. É com isso que vão surgindo diversas outras propostas teóricas ou mesmo, se quisermos,

---

[52] ECKENSBERGER, L.H. The Legacy of Boesch's Intelectual Œvre. *Culture & Psychology*, 1997, 3(3), pp. 277-298 (aqui, especialmente, p. 284). Seguimos as linhas gerais da apresentação do pensamento de Boesch através desse autor.
[53] Alias, um debate já bem antigo e sempre de novo retomado, dependendo do sabor dos ventos epistemológicos. REESE, H.W.; OVERTON, W.F., Models of Development and Theories of Development, em: GOULET, L.R.; BALTES, P.B. (Eds.). *Life-span Developmental Psychology*. New York: Academic Press, 1970, pp. 116-145; CRAWFORD, C. Psychology, em: MAXWELL, M. (Ed.), *The Socio-biological Imagination*. Albany: State University of New York Press, 1991, pp. 303-318.

metafóricas; em resumo, *grosso modo,* segundo ele, teríamos as abordagens *relacionais* ou das relações e as *ativas* ou da ação.

Nos dias de hoje, pela reflexão de Eckensberger, temos duas grandes famílias de teorias no âmbito das relacionais: as que seguem as teorias biológicas que vão desembocar nas teorias assim chamadas de *ecológicas,* por exemplo, e as teorias da ação.

4. Psicologia e antropologia: a teoria da ação simbólica

No ponto de encontro da psicologia com a antropologia – em termos da consideração do objeto – podemos considerar a ação. Nos seres vivos temos o movimento, o gesto e a ação. O movimento, ainda que muitas vezes tido como típico do ser vivo-animal, não traz em si um sentido ou intenção (andar e balançar os braços); já o gesto é um movimento revestido de alguma significação que nem precisa ser a mesma em todos os lugares (cruzar os braços, acenar etc.); e por fim, a ação que traria em si uma intencionalidade ou, pelo menos, uma decisão responsabilizante. Muitas teorias já lidaram com isso com maior ou menor amplitude. Penso que nem possa haver uma psicologia e mesmo uma antropologia que não tenha ainda que sub-repticiamente, uma teoria da ação.

Tanto a psicologia como a antropologia lidam com objetos simbolizados para efeito da leitura de seus fenômenos, é nesse campo que buscaremos conectar essas duas áreas. Dentre essas teorias da ação, temos a *teoria da ação simbólica* de Ernst Boesch. Antes de tudo, o pensamento de Boesch, além de ter sua própria trajetória, requer que algumas questões de base sejam consideradas. Primeiro, ele se afasta dos modelos biológicos – apesar de ter estudado com Jean Piaget – e volta-se para modelos mais, digamos, antropológicos. Afasta-se, com as consequências previsíveis, do modelo dos *hominídios* em vista do modelo dos *humanídios*.[54]

Assim, antes de tudo temos uma espécie de *background* antropológico básico: o ser humano é potencialmente reflexivo (consciente), está fundamentalmente orientado para o futuro; é uma pessoa construtora de sentido, isto é, é capaz de criar e compreender símbolos e, por fim, é capaz de desenvolver uma teoria sobre o seu próprio psiquismo.[55] Em resumo, podemos usar o termo de Eckensberger, *Homo interpretans*, que por sua vez se relaciona diretamente com o pensamento de Ernst Cassirer, isto é, o *Homo symbolicus*, que ultrapassa o som, a voz e chega à palavra.

Dentro do pensamento de Cassirer temos que:

> *O homem não pode fugir à sua própria realização. Não pode, senão, adotar as condições de sua própria vida. Não estando mais em um universo meramente físico, o homem vive em um universo simbólico. A linguagem, o mito, a arte,*

---

54 Esse modelito na realidade já é de Wilhelm Emil Mühlmann em sua *Geschichte des Anthropologie* (Bonn: Athenäum, 1984).
55 Eckensberger, em seu artigo, empresta essa síntese de Bischof, N. (*Das Kraftfeld der Mythen*. Munich: Piper, 1991), e está relacionada com o modelo antropológico da filosofia de Ernest Cassirer.

e a religião são partes desse universo. São os variados fios que tecem a rede simbólica, o emaranhado da experiência humana.[56]

É claro que Boesch não descarta aspectos filogenéticos como a capacidade da memória humana, a ampliação do horizonte de futuro, a capacidade de antecipar as consequências de certas ações que são padrões adaptativos. Ainda que esses padrões sejam até úteis para explicar alguns aspectos culturais e as ações dos seres humanos, mas não são suficientes. Em resumo, Boesch não busca explicar nem a ação humana e nem a cultura em termos de modelos biológicos, pura e simplesmente.

Antes de entrar o tema de Boesch, o *psicólogo antropologizante,* vamos precisar um pouco o termo símbolo. Durand afirma, nesse sentido, que a consciência tem duas maneiras de *representar* a realidade: uma direta, quando a coisa está presente na mente, sensação ou percepção e a indireta, quando isso não é possível, e usamos para isso uma imagem. No cotidiano, essas separações não são assim tão claras e com isso podemos até falar em graus de imagens.

O símbolo é da ordem do signo, não da experiência direta. O símbolo é, pois, algo que evoca através de uma relação, algo ausente ou impossível de ser percebido. Godet afirma até que o símbolo é o inverso da alegoria que parte do abstrato para a figura; o símbolo parte da figura que se torna uma fonte de ideias.

---
56 CASSIRER, E. *Ensaio sobre o homem: Introdução a uma filosofia da cultura humana.* São Paulo: Martins Fontes (1944), 2001, p. 48.

O símbolo é, pois, algo que permite acesso ao inacessível. A área predileta dos símbolos é o não sensível (inconsciente, metafísico, sobrenatural, suprarreal etc.).[57] Nos termos de Durand em seus:

> *Elementos para uma fantástica transcendental*, ele busca mostrar que *a imaginação é motivada não pelas coisas, mas por uma maneira de* carregar *universalmente as coisas como um sentido segundo, como um sentido que seria a coisa do mundo mais universalmente partilhada. Em outras palavras, se pudéssemos provar que há uma realidade idêntica e universal no imaginário.*[58]

E nesse caso, está aberto o caminho dos símbolos.

A "teoria da ação simbólica" de Boesch lida com uma rede de conceitos, tais como: "Agente, ou ator, ação, esquemas cognitivos e afetivos, simbolismo, fantasmas e mitos".[59] Entretanto, como ele mesmo adverte, o seu ponto de partida não são os livros, mas a sua própria experiência e os limites que ele encontrou na compreensão das relações dos diversos ambientes culturais. Desse contato:

> *Podemos afinar a nossa experiência, aguçar os nossos instrumentos de informação, combinar, enriquecer e controlar o nosso conhecimento pelo dos outros, mas mesmo assim, a nossa*

---

57 DURAND, G. *A imaginação simbólica*. São Paulo: Edusp/Cultrix, (1964), 1988, pp. 11ss.
58 DURAND, G. *As estruturas antropológicas do imaginário*. São Paulo: Martins Fontes, 1997, p. 378.
59 Lidamos aqui, de um modo geral, com a obra já clássica de Boesch. Cf. BOESCH, E.E. *L'Action Symbolique*. Fondements de psychologie culturelle. Paris: L'Harmattan, 1995, especialmente o capítulo 4 (p. 67ss).

consciência continua a ser a lente de como o nosso saber se constitui.[60]

Em seguida Boesch nos apresenta o que ele mesmo compreende por cultura: "Um campo de ação, buscando assim mostrar que o mundo em que vivemos toma a forma e a significação através de nossa ação". Aqui ele desenvolve um pouco da história do conceito de ação, tendo por referências primeiras W. James e P. Janet, passando por K. Lewin e inúmeros outros. Por fim ele mesmo chega à sua conclusão: "A teoria da ação lida com a ação humana interpretada como um comportamento guiado por um objetivo". Ele distingue *comportamento* de *ação*: um sonho é um "comportamento" cuja função é criar imagens no sonho, mas se lidarmos com um sonho específico de uma pessoa em uma dada situação, então temos uma "ação".[61]

Tomemos como resumo do conceito de ação o que o próprio Boesch apresenta:

> *Criar um vaso de argila pode facilmente ser analisado como uma ação. É uma atividade orientada para um objetivo, exercida em um meio específico para a qual concorrem uma série de técnicas instrumentais e que permitem ao agente* preencher *o vazio que existe entre a intenção inicial e a realização concreta do objetivo. A intenção (formação do objetivo),* o procedimento *(ação instrumental),* obtenção

---
60 Ernst Boesch mesmo trabalhou na Ásia e em diversos lugares e vivenciou pessoalmente as dificuldades de *tradução* das experiências. Cf. BOESCH, E.E. *L'Action Symbolique, op. cit.*, p. 67.
61 BOESCH, E.E. *L'Action Symbolique, op. cit.*, p. 69.

do objetivo (realização do objetivo) *e a inserção em uma situação representam assim as quatro constituintes de uma unidade de ação*.[62]

Entretanto, Boesch chama a atenção para o fato de que uma ação pode ser desdobrada em uma série de subações às quais ele chama de *actemas*.[63] Esses não têm sentido isoladamente, mas somente quando referidos ao conjunto. Recolher argila para fazer um vaso é um actema bem diverso de recolhê-la para jogar em alguém por brincadeira ou como uma forma de agressão.

Por outro lado, uma ação em termos de seus objetivos é polivalente e está inserida em um processo. Um objetivo é um efeito buscado mas ele tem dimensões internas e externas; encontra-se também dentro de uma sequência. Um objetivo em particular é como o elo de uma corrente e é compreensível pelos antecedentes e consequentes. Assim, no exemplo acima, o vaso pode tanto ser para o mercado, para um presente e mesmo para servir de enfeite na casa do próprio autor. Por isso, para a compreensão da polivalência é necessário ir além do vaso, e daí a necessidade dos processos simbólicos que de algum modo estão envolvidos nas ações humanas.

Como vimos acima, da intenção à realização temos diversas fases e Boesch resume em três principais:

---

62 *Ibidem*. Esse conceito concorda com o conceito de ação (compreendido como um movimento ou gesto com sentido) de Kennath Burke. Cf. *A Grammar of Motives*. Berkeley: University of California Press, 1969, p. 227ss.
63 Boesch forja o termo *actème*, tendo como referência outros congêneres: fonema, mitema etc. Cf. BOESCH, E.E. *L'Action Symbolique, op. cit.*, p. 70.

a fase inicial, a fase processual e a fase terminal. Ainda que a fase inicial possa parecer a mais fácil, ela traz em si a complexidade da *formação de uma representação de objetivo* que bem ou mal vai orientar as ações seguintes. Na fase processual Boesch lança mão do termo "regulação das constâncias" que não é outra coisa que a avaliação constante dos actemas em relação ao objetivo; ele admite, claro, transformações devido às circunstâncias, mas é dessa avaliação que depende a maior ou menor realização do objetivo.

Em termos de experiência humana, a fase terminal tem sua importância, uma vez que se o objetivo foi alcançado temos um resultado, e no caso contrário temos que lidar com o fracasso. Esses actemas terminais mal encerrados geram um estado mental de desconforto. É claro que temos níveis de ação: uma coisa é a confecção precária de um vaso e outra muito mais complexa é chegar à conclusão no fim da vida que ela foi um fracasso. Diante desses processos a humanidade como um todo elaborou processos de ritualização que podem lidar com as fases inicial, processual e final das ações. Assim temos ritos que lidam com os *pontos de partida* e os que lidam com as *chegadas*. Não deixa de ser evidente o desconforto dos atletas, por exemplo, que colocaram como objetivo a vitória e têm que lidar com a derrota, ainda por cima, sem uma ritualização elaborativa da mesma.

Dado o que foi dito acima, isto é, que a ação necessita de uma interpretação – para que serve o vaso? E de um processo simbólico para ser compreendida como tal, Boesch passa a lidar com a dimensão da significação das ações através da conotação e simbolismo. Uma ação tem uma significação denotativa – o que está sendo feito – e uma significação conotativa – os sentidos dessa ação: fazer um vaso e presente, mercadoria, enfeite. Essas significações *anexadas* aos objetos podem ser compreendidas através dos processos simbólicos. "O simbolismo de uma ação decorre de sua polivalência. Cada coisa e cada ação estão incluídas dentro de um leque deles".

Boesch busca classificar essas conotações simbólicas como apresentamos abaixo:[64]

1) Simbolismo Situacional: é uma espécie de simbolismo da *pars pro toto*. Vemos isso, por exemplo, nas lembranças turísticas, nos cartões postais, em um fio de cabelo da mulher amada. Em resumo, o objeto é localizado em um contexto bem específico da experiência;

2) Simbolismo Funcional: está relacionada à ação e ao objeto; relaciona-se mais com as dimensões internas. Boesch usa o exemplo do canivete suíço que denotativamente serve para cortar, como saca-rolhas, chave de fenda, mas conotativamente, e quem sabe, até simbolicamente, serve para muitas outras coisas, até para dizer e *sinalizar* a outrem que se esteve na Suíça;

3) Simbolismo Analógico: as ações e os objetos podem relacionar-se com outros por analogia. Nesse campo, as possibilidades são imensas e vão desde a maior sutileza até a manifestação mais explícita: um raio de luz

---

64 BOESCH, E.E. *L'Action Symbolique, op. cit.*, p. 111ss.

em um quadro como a saída de uma situação; uma chama como o calor da acolhida etc. A interpretação dessas analogias – especialmente a de chave psicanalítica – depende de substratos teóricos ou pelo menos de discursos míticos, como no caso dos ritos. Um exemplo comum da ação desse simbolismo é o *clima* que a música cria para o filme, um ambiente etc. Boesch chama a atenção "de que a analogia não consiste necessariamente de uma semelhança formal, mas pode ser vivenciada por graus de atração por similaridade". Uma criança pode simbolizar tanto a pureza como a fragilidade; o mesmo pode ser esperado do cristal.

> *As analogias não têm necessidade alguma de qualidades objetivas nem de proximidade e nem de similitude, mas elas correspondem na maior parte das vezes, senão sempre, a uma espécie de afeição sincrética, a uma similitude na atração, na ideação ou nas possibilidades de ação que elas envolvem.*[65]

4) Simbolismo ideatório:[66] Boesch parte dos exemplos da Criação do ser humano do Gênesis e do ritual da oferenda de um prato de comida à deusa dos arrozais. Por trás dessa narrativa e do ritual temos ideias: a ideia de fragilidade e dependência do ser humano em relação aos deuses. Assim podemos considerar a bandeira e sua referência à pátria; guardar um fio de

---

65   BOESCH, E.E. *L'Action Symbolique, op. cit.*, p. 114.
66   Mantive o termo bastante próximo ao de Boesch em francês (*idéatoire*) para ser fiel à ideia do mesmo; poderia ser também traduzido por eidético ou mesmo ideológico e idealístico, mas esses termos já têm sua história e são *datados* e *localizados* epistemologicamente.

cabelo da pessoa amada ou uma lembrança em um estojo de prata significa ou traz a ideia de fidelidade.

> Os amuletos mágicos têm o seu poder dentro de seu conteúdo ideatório mais que por outras qualidades simbólicas, ainda que essas possam reforçar as ideias.

Lembremos que o símbolo, essencialmente, fala do indizível;

5) Simbolismo da alteridade: Boesch reconhece que esse simbolismo é mais complexo. Todas as realidades envolvem *alternativas*: O círculo de formas angulares, avançar *versus* retroceder etc. *Fundamentalmente, toda e qualquer ação exclui, nega ou elimina pelo menos provisoriamente outras ações*. Em resumo, toda ação é uma opção e com isso, a eliminação de ações possíveis; toda ação propõe a sua limitação ou fronteira.

Como vimos acima no pensamento de Duerr, os elementos da *Wildnis* pode simbolizar tanto a civilização como a *dimensão selvagem* do ser humano, dependendo do enfoque. A alternativa vai depender de que lado da *Grenze* (fronteira) o observador está.[67] Complementando esse pensamento, Boesch apresenta a dinâmica

---

67 Boesch mesmo se faz a pergunta quanto à diferença entre conotação e símbolo; isso nem sempre é fácil de se distinguir. *Digamos que o termo* conotação *indica as qualidades efetivas, intrínsecas à percepção, enquanto que o* símbolo *significaria a sua integração em um contexto mais generalizado* (abstrato). Ele toma o exemplo da pétala de rosa. Conotação: Delicadeza; Símbolo: fragilidade da beleza. Como a passagem é sutil, ele prefere dizer que as conotações são símbolos em emergência. Cf. BOESCH, E.E. *L'Action Symbolique*, op. cit., pp. 118-119.

dos processos simbólicos estejam eles presentes na linguagem ou na compreensão das ações humanas que superam o simples movimento.

5. O diálogo dos símbolos

Várias áreas fenomênicas da psicologia e a antropologia poderiam dialogar, dados os elementos da teoria da ação simbólica: Ritualística e emoções, construção da identidade social e cultural etc. Mas em todas elas precisa-se de um elemento comum. As emoções necessitam de processos elaborativos e a cultura os oferece pela ritualística; os indivíduos precisam se desenvolver em termos de sua personalidade e a cultura fornece os ritos de passagem dos diversos momentos e situações etc. Mas o *instrumento* de que se necessita para isso é o símbolo e esse precisa ser *lido* pelas duas áreas. Isso não é em si novidade, desde a sua origem com Wundt e a sua *Völkerpsychologie*, passando pelas psicanálises, a simbólica – ou em um termo mais amplo, a linguagem – sempre foi o caminho privilegiado da psicologia. Mas para isso, o ser humano da psicologia precisa ser um *Homo symbolicus* e não só um *Homo animalis* ou *Homo mechanicus*. Mas a migração de conceitos entre sistemas pode gerar *convulsões*, quase como um número no meio de letras.

O que diz Boesch?

> *O simbolismo da ação parece ter uma importância especial para a psicologia cultural. Apesar disso, os psicólogos, exceção feita aos psicanalistas,*

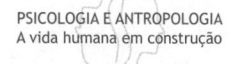

escrevem pouco sobre os símbolos, e praticamente nada sobre a cultura.[68]

Aqui restaria talvez ainda um caminho a percorrer, embora alguns passos já tenham sido dados nas últimas duas décadas. Parece que para a *psicologia oficial* o ser humano seria mais um *animal cognitivo* e parece que os símbolos estariam, segundo Boesch, relegados à não racionalidade. Por outro lado, os antropólogos mesmo sendo os nossos *parentes mais próximos* estão muito à vontade com esse termo.[69] Entretanto, os antropólogos não lidam com símbolos de qualquer modo, no geral, eles são compreendidos como imersos dentro de *discursos rituais*: vamos encontrar os símbolos mais dentro das cerimônias de toda espécie com dados explicativos das mitologias, como é o caso de Victor Turner.[70] Mas não é nesse sentido que

---

68 Um exemplo disso é a revista *Psychology and Culture* que já tem quase duas décadas de divulgação de estudos nesse campo. Jaan Valsiner apresenta uma visão geral desse campo multifacetado com uma ampla bibliografia no setor. No que diz respeito às abordagens ele classifica em três grupos amplos: o da mediação semiótica, o que relaciona a cultura ao conhecimento e o que relaciona cultura à ação. Cf. VALSINER, J. *Culture in Minds and Societies.* Foundations of Cultural Psychology. London: Sage Publications, 2007, p. 29ss.
69 Boesch chama a atenção, por exemplo, para a obra clássica de Raymond Firth – *Symbols, Public and Private* – de 1973, em que temos quase 30 páginas de bibliografia, mas temos pouca coisa de psicologia ali; mesmo na obra de psicologia, em seis volumes, coordenada por Triandis – *Handbook of Cross-Cultural Psychology* – de 1980, referência aos símbolos é coisa rara. *Idem*, p. 119.
70 Depois de enfatizar que na cultura Ndembu (Zâmbia) os rituais formais têm uma importância central, Turner define o símbolo como "a menor das unidades do ritual que ainda contém as propriedades específicas do comportamento ritual; é a unidade última da estrutura específica em um contexto ritual. [...] Os símbolos que observei no campo são, empiricamente, objetos, atividades, relações, eventos, gestos e unidades espaciais em uma situação ritual". Cf. TURNER, V. *The Forest of Symbols: Aspects of Ndembu Ritual.* Ithaca: Cornell University Press, (1967), 1991, p. 19.

Boesch lida com os símbolos e que ele pensa que possam ser a ponte entre a psicologia e a antropologia. Ele pensa que as significações simbólicas estão presentes em tudo, e com isso a função simbólica é fundamental. *Toda a ação ou percepção tem uma variância de significação* diretamente referencial (denotativa) *e uma variância* indiretamente referencial (simbólica). Ao recorrer ao termo variância ele tem em mente o fato de que os seus dois componentes são intrinsecamente amalgamados.

Dado o significado desse aspecto, vale a pena ampliar aqui essa reflexão. A carga relativa a cada um dos componentes pode variar, e até mesmo a percepção que temos deles. Pode até ser que percebamos algo de um modo intuitivo como sendo um símbolo, e mesmo assim o tratemos com algo factual, e não nos damos conta disso senão através de uma pequena *nuance emocional.* Para Boesch:

> *Foram os psicanalistas que nos abriram os olhos para o fato de que os fenômenos cotidianos, aparentemente ordinários, recavam os seus significados, o mais frequentemente do que imaginamos, de sua variância simbólica.*[71]

É importante, de qualquer modo, termos presente algumas diferenciações: símbolos vividos e símbolos observados; símbolos e signos; símbolos privados e símbolos públicos; e por fim, os símbolos primários e os secundários.

---

71 BOESCH, E.E. *L'Action Symbolique, op. cit.*, p. 120.

Uma das principais diferenças, na consideração do símbolo, entre os psicólogos e antropólogos, é que os antropólogos

> *lidam com interpretações conscientes de significações coletadas enquanto observadores participantes, enquanto que os psicanalistas buscam fazer emergir significações não conceitualizadas das experiências pessoais.*

Nesse caso, as significações tendem a referir-se a coisas diversas. O informante explica um símbolo ou rito como ele o é comumente aceito; ele mostra como se usa um dado objeto ou se organizam os elementos ritualísticos. Às vezes ele até dá a sua interpretação pessoal, contanto que esteja de acordo com as *crenças comuns*.[72] Em termos do que referimos acima, o informante *sublinha a variância comum ou pública de um símbolo.* De um modo geral, os antropólogos em sua observação dos símbolos nos rituais, tendem a ver mais os aspectos *pragmáticos coletivos* dos mesmos.

Por outro lado, a psicanálise não dá e nem solicita explicações; ela estaria interessada nos *concomitantes* de um evento vivenciado. Ela busca coletar as conexões situacionais, funcionais ou de outra ordem que a própria experiência traz, bem como as suas valências e vai daí inferir as significações simbólicas dessas *concorrências*. Com isso, fica claro que o que será obtido é muito mais um conjunto de conotações

---

[72] Não raro nas pesquisas de campo da antropologia, o informante também adapta sua interpretação ao gosto próprio do pesquisador.

privadas que uma sistematização de símbolos socialmente aceitos.

Em resumo:

> O antropólogo, guiado em seu trabalho pela sua visão da ordem coletiva, descobre as estruturas ideatórias de um grupo, enquanto que a psicanálise, seguindo a sua teoria psicológica, esforça-se para elucidar as experiências interiores.[73]

Assim, pode-se esperar que o símbolo percebido por alguém de fora ou racionalizado por um informante (antropólogo), tem tudo para ser diverso do símbolo da experiência interior buscado e descoberto a duras penas (escuta psicológica).

Aqui temos algo central no diálogo antropologia e psicologia, isto é, o que cada uma pode trazer em sua especificidade. Para o *agente* o simbolismo dos objetos ou das ações apresenta-se como uma *valência*. Ou nos termos de Boesch:

> Ele percebe os objetos como vinculados ao seu passado e às suas intenções, como uma potencialidade ou como um obstáculo, como algo de familiar ou estranho, com implicações imediatas para a sua ação em potencial. Em outros termos, o simbolismo percebido se manifesta em sua consciência como um atrator motivacional.

Uma vez que isso pode expressar-se por comportamentos normais e mesmo familiares, o *observador* não verá nisso simbolismo algum. Ao contrário, será dos

---

73 Ver nota n. 66.

comportamentos fora do normal, *irracionais* que ele *suspeitará* dimensões simbólicas. Tomando os exemplos mais ligados à ritualística temos os gestos, como se inclinar diante de um quadro, apresentar *oferendas* a uma árvore etc. Aqui temos "ações não justificadas pelas qualidades racionais dos objetos". Assim, conclui Boesch:

> *Para o observador, o comportamento simbólico torna-se um comportamento não habitual, reservado para ocasiões bem particulares [...]. Entretanto, estejamos atentos ao fato de que a simbolização enquanto função e o simbolismo enquanto experiência são mais onipresentes do que essas discussões (filosóficas ou metodológicas) levam a crer.*[74]

Boesch tem em mente as distinções entre símbolo e signo que se relacionam originalmente às obras de Saussure e Karl Mühler, em linhas gerais; a acepção semântica dos termos pode ser muito bem associada à conotação e à denotação, conforme vimos acima. O signo é um fenômeno perceptível denotativo, a partir de um acordo, convenção ou admissão feito entre os que o usam, tem um conteúdo bem específico. Assim um gesto, um objeto, uma letra, um som, uma palavra etc., tudo

---

74 Essa separação do simbolismo ou do simbólico pelas suas características de *anormalidade* é um tema de grande discussão entre os antropólogos e filósofos. O que devemos chamar de símbolo, emblema, signo, ícone, metáfora, alegoria ou imagem (imago) e o que devemos ver como símbolo natural ou símbolo artificial e mesmo se as palavras são por sua vez também símbolos, tudo isso leva a grandes discussões ainda hoje. "Ainda que muitas vezes possam parecer picuinhas, elas aguçam a nossa consciência para a importância do símbolo em nosso cotidiano". E nisso, para Boesch, está o núcleo central do diálogo da antropologia com a psicologia. Cf. BOESCH, E.E. *L'Action Symbolique, op. cit.*, p. 122.

pode ser signo uma vez admitido como tal. Ele tem uma função comunicativa: "É um objeto mental público cuja presença ou ausência envolve uma mensagem". Quando um signo vem usado em uma situação bem definida ele passa a ser um *sinal*, tal como a luz vermelha em um cruzamento. Boesch, entretanto, pensa que todo e qualquer objeto possa vir a ser revestido de uma dimensão simbólica e isso afeta de modo diverso o sentido do signo. Uma bandeira que denota um país é um signo, mas no momento que ela evoca emoções patrióticas passa a ser um símbolo. Notemos, entretanto, que a bandeira, seja como símbolo, seja como signo, passa a ser um *objeto referencial*: ambos referem-se a um conteúdo que não tem relação direta com o aspecto material. E Boesch conclui: "O que diferencia um signo de um símbolo não é a função diferencial, mas o fato de referirem-se a coisas diversas". Em resumo, os *conteúdos comuns* como as palavras, bandeira, designações matemáticas etc. são signos uma vez que se referem a coisas, comportamentos etc., conhecidos e aceitos por um público e são por isso, denotativos, mesmo quando chamados de *símbolos*, como é o caso da foice e o martelo, a cruz etc.

Por outro lado, reconhece Boesch, essas coisas têm um *potencial de evocação*. Assim, por exemplo, o termo "férias", ainda que seja compreendido do mesmo modo – tempo sem trabalho – evoca em cada pessoa dimensões diversas. São, pois, essas conotações que vinculam o signo às dimensões significantes do símbolo.[75]

---

75   BOESCH, E.E. *L'Action Symbolique, op. cit.*, pp. 127-128.

Em 1985, um grupo de palestinos captura o navio de passageiros *Achille Lauro* e faz uma série de reivindicações, ao mesmo tempo, queimam as bandeiras dos Estados Unidos e de Israel. A partir desse exemplo, e lançando mão de um conceito de Firth, o de *símbolos públicos*, Boesch fala da qualidade pública do símbolo, que vai além do simples signo. A bandeira enquanto tal é denotativa, mas passa a ser um símbolo público quando ela se relaciona a valências motivacionais compartilhadas e isso vai além da simples conceituação, refere-se a vivências individuais ou grupais. "Os seres humanos reunidos nesse ritual espontâneo de queimar bandeiras perceberam isso cada um a seu modo", mas as bandeiras acabaram assumindo o papel de símbolo de solidariedade para as suas emoções compartilhadas de cólera, indignação ou de decepção.[76]

6. Símbolos e rituais: a construção do mundo humano

No pensamento de Turner e de Boesch, expostos no capítulo anterior, os símbolos são unidades de rituais, ou em um horizonte mais amplo, são termos de um discurso. A manipulação de objetos religiosos em uma cerimônia ou a confecção de um vaso, no exemplo acima, em termos de um discurso simbólico, precisam de uma *teia referência* que serve de *rede ex-*

---

76 BOESCH, E.E. *L'Action Symbolique, op. cit.*, pp. 123-125; FIRTH, R. *Symbols, Public and Private*. London: George Allen & Unwin, 1973.

plicativa e *grosso modo* estão imersos enquanto gesto de sentido, em uma ritualística. Boesch, tomando esse pensamento e relacionando-o com as ideias de Firth, afirma que os símbolos pessoais podem vir a ser públicos e vice-versa. Eles podem acontecer de um modo espontâneo, mas "são favorecidos pela experiência ritual".[77] Os rituais ou ritos seriam como um simbólico de comunicação "que diz alguma coisa de um modo formal e que não pode ser expresso na linguagem ordinária ou por um comportamento informal". É por isso, pela sua capacidade de *revelar* dimensões não ordinárias, que o ritual tem esse ar de reserva, de um certo distanciamento da realidade e até de uma certa sacralidade. Mas em resumo, e o que nos interessa aqui é que os rituais são atividades simbólicas que tendem a estar enquadradas em *cerimoniais*. Boesch concorda com Turner que o ritual além de ser um *discurso explicativo* ou *constitucional*

---

[77] Chamo a atenção que o que Boesch chama de *ritual espontâneo*, chamamos aqui simplesmente de *ritual*; quando temos procedimentos mais formalizados usamos de preferência o termo *rito*. Terrin reconhece que devido à aplicação multifacetada dos procedimentos ritualísticos, uma definição precisa nem sempre é fácil, mas alguns elementos parecem comuns: ações mais ou menos formais, situação e tempos específicos. Já a grande especialista em ritualística Catherine Bell, que acredita *que não só o ritual está imerso em um discurso mais amplo, mas também as teorias a respeito deles*. Por isso, em sua análise, ela parte de três construções no que diz respeito à prática ritual: a construção do ritual, do sentido e do discurso. Felicitas Goodman apesar de reconhecer o profundo vínculo entre o ritual e as religiões, o define mais como um "encontro social em que cada participante tem um papel bem definido em que alguns elementos estão presentes: limitação temporal e espacial, a realização de eventos predeterminados e a clara definição de um início e um fim". Cf. BOESCH, E.E. *L'Action Symbolique, op. cit.*, p. 127; TERRIN, A.N. *Il Rito: Antropologia e Fenomenologia della Rittualità*. Brescia: Morcelliana, 1999, p. 19ss.; BELL, C. *Ritual Theory, Ritual Practice.* Oxford: Oxford University Press, 1992, p. 13ss.; GOODMAN, F.D. *Ecstasy, Ritual, and Alternative Reality: Religion in a Pluralistic World.* Bloomington: Indiana University Press, 1992, p. 31ss.

de um grupo humano, tem a capacidade de gerar vínculos, estabelecer identidades e como os rituais são *performados* por símbolos – que por sua vez são polissêmicos e até multivocais –, podem ser usados também isoladamente com intencionalidades múltiplas.[78]

Boesch busca relacionar alguns conceitos de sua teoria com os de Firth e Turner: os símbolos em um ritual – ou rito – deixam claros os elementos de uma dada cultura; são uma espécie de discurso intencional. Por outro lado, como eles são *polissêmicos e multivocais,* no dizer de Turner, são relacionáveis com os conceitos de *polivalência* e *sobredeterminação* de Boesch. Em outros termos, um símbolo central ou dominante pode vir a ter um espectro de referentes que pode vinculá-lo a inúmeros significantes. Como vimos na apresentação do pensamento de Boesch, acima, o símbolo pode ter um *feixe* de motivos e mesmo um leque ou trama de valências.

Em que afinal, o pensamento de Boesch difere do de Turner? Polivalência é a mesma coisa que polissemia?[79]

> A polivalência implica que a significação de todo objeto dado varia segundo o ator que o percebe

---

78 TURNER, V. *The Forest of Symbols, op. cit.* p. 50ss.; Quanto à questão da *performance* especialmente na situação pós-moderna, cf.: TERRIN, A.N. *Il Rito, op. cit.*, p. 353ss.

79 Para diferenciar os dois conceitos, ainda que em alguns aspectos eles sejam bem próximos, Boesch toma o exemplo da árvore *mukula*, apresentado por Turner, que fora do contexto ritual relaciona-se à cultura matrilinear, à caça, ao sangue menstrual, à carne de animais selvagens e isso tudo estaria associado em vista da seiva vermelha secretada pela árvore. A polissemia está presente no fato de que um significante relaciona-se a inúmeros significados, dependendo do contexto. Nesse sentido a polivalência simbólica de Boesch é um pouco mais precisa. Cf. BOESCH, E.E. *L'Action Symbolique, op. cit.*, pp. 129-130.

ou o usa e que uma significação será sempre um composto, não somente porque a ação dá conta de diversas funções ao mesmo tempo, ou busca objetivos fundidos, *em um leque, mas também porque ela está associada a diversos conteúdos. Aqui está o fundamento psicológico do simbolismo, mas tenderia a dizer também que, nesse sentido, foi a polivalência que permitiu a existência da polissemia.*

Boesch admite com Turner a importância dos rituais para a integração do sistema cultural como um todo, bem como a sua interpretação dos rituais como ação. Mas para Boesch, essas interpretações não respondem a uma questão central, isto é, relacionada ao tipo de ação que constitui o ritual.

Como vimos acima, Turner vê nos símbolos uma espécie de *palavra* dos discursos rituais; algo semelhante ao *actemas* de Boesch. Em resumo, os rituais são ações simbólicas. Entretanto, como já foi apresentado, toda ação comporta uma variância simbólica e a particularidade da *ação ritual simbólica* necessita ser especificada.

Um ritual é uma ação referencial comunicativa, o que quer dizer que significa uma ação que representa – por sua vez – um evento em vista ou intencionado sem que esse seja realizado materialmente. Os rituais se referem a um objeto desejado no mais das vezes de modo análogo.[80]

Para compreender melhor o que Boesch entende

---

80 BOESCH, E.E. *L'Action Symbolique, op. cit.,* pp. 130;143. Cf. Também a nota 2, no final do texto.

por ritual e ações simbólicas ritualizadas, tomemos dois exemplos de rituais de "ir-dormir" apresentados por ele mesmo. No caso de uma criança: ela pede uma história, o travesseiro deve ser colocado de um dado jeito, deve ser colocada uma boneca delicadamente ao seu lado e depois de um tempo, a criança coloca o polegar na boca e adormece. Em um outro exemplo, meio obsessivo, uma pessoa depois de apagar a luz para ir dormir, não pode ir até a sua cama andando pelo meio do quarto, mas deve, além de ir ao longo da parede, *escalar* a cama pelas suas bordas, senão um espírito o atacaria no escuro.[81] Mas por que Boesch chama esses gestos de rituais se essas ações meio estereotipadas não são nem coletivas e nem transmitidas de algum modo?

Como é o caso muitas vezes, reconhece Boesch, esses rituais de "ir-dormir", vinculam-se a ações *fatuais*, isto é, buscam objetivos bem concretos. Os rituais da caça preparam para a caça real; os rituais de cura buscam a saúde; os rituais da puberdade levam a uma nova situação das pessoas no grupo social; os rituais tradicionais que antecedem a construção da casa levam à própria construção etc. Esses gestos são diversos das atividades preparatórias de fato, como o de reunir o material necessário para a construção da casa, preparar os instrumentos ou medicamentos para o tratamento da saúde, escolher um livro de história, arrumar a cama etc. Como é o caso do ritual de "ir-dormir", ele apresenta antes de mais nada uma es-

---

[81] BOESCH, E.E. *Das Magische und das Schöne*. Stuttgart: Frommann-Holzboog, 1983, p. 90.

pécie de *ordem* que deveria subjazer à vida. "A ordem criada (no ritual) pode ser ou apresentar uma espécie de analogia daquela que se busca."[82]

De qualquer modo, para Boesch, os símbolos rituais vão para além de uma simples analogia com uma ordem desejada. "Eles parecem encenar, em termos imaginários, uma ordem bem mais completa, relacionando-se com os papéis sociais, as funções e valores referenciais" da temática em questão em uma determinada cultura. Tendo em mente o caso dos Ndembu que Turner apresenta e o caso apresentado por Lévi-Strauss, Boesch vê que a ação ritual se refere não apenas a um objetivo específico, mas uma estrutura englobante de toda a realidade vivenciada. Apesar de sua aparência de extrema simplicidade que é o ritual de "ir-dormir" – a criança pede que se conte uma história, que se afofe o travesseiro etc. –, ele parece combinar *actemas* que integram o ato de dormir no contexto mais amplo que é o da domesticidade.

Como no caso da confecção de um vaso, em que os gestos têm sentido em termos de um processo mais complexo e muitas vezes multidimensional, o mesmo vale para a compreensão das ações rituais.

> *Se os rituais são ações que colocam em cena simbolicamente uma ordem ou uma estrutura que integra um indivíduo em um mundo que o percebe, eles seriam o que vou chamar (Boesch) de ações enfáticas.*

---

82 Boesch toma como exemplo, o ritual *Nkula*, dos Ndembu, apresentado por Turner em que ritos são levados a efeito em vista do nascimento da criança, da relação da mesma com mão e com a árvore *mukula* etc. Cf. TURNER, V. *The Forest of Symbols*, op. cit. p. 41ss.

Nesse caso, o que se quer é acentuar, reforçar uma realidade que de um modo geral teria uma natureza ideatória. Fazer um voto ou juramento – no casamento, em uma ordenação, na tomada de posse etc. – é uma ação enfática, mas o mesmo vale para *ações* menos espetaculares como desfraldar a bandeira, enviar flores ou emitir um diploma. Para ser enfática, reconhece Boesch, uma ação deve sair do ordinário e ter algum traço de solenidade, de surpreendente e o seu efeito será melhor se encontrar uma situação social estimulante e o gesto for englobante. C.F. Costa, tendo Austin como referência, faz uma análise e a distinção dos termos *constatativos* e *performativos*. Os constatativos são relatos, descrições, afirmações e poderiam ser vistos como verdadeiro ou falsos. Já os proferimentos performativos, tais como ordens, pedidos, advertências, ofensas, promessas, garantias, perguntas, apostas, vetos, votos etc. buscam a realização de ações.[83]

Em resumo, afirma Boesch, podemos dizer que "existem três critérios combinados para definir a ação ritual": primeiro que é uma representação simbólica de objetivos (intenções) ou são meios de ação com metas; segundo, ela apresenta um conjunto imaginário de uma ordem valorizada; e, terceiro, é uma ação enfática.[84]

---

83 COSTA, C.F. Revendo a distinção constatativo/performativo. *Princípios*, 2(3), 1995, p. 32; AUSTIN, J.L. *How to do Things with Words*. Cambridge: Harvard University Press (1962) 1975, segunda edição; TAMBIAH, S.J. Form und Bedeutung magischer Akte, em: KIPPENBERG, H.; LUCHESI, B. (Eds.). *Magie: Die Sozialwissenschaftliche Kontroverse über das Verstehen fremden Denkens*. Frankfurt a. Main: Suhrkamp, 1978.
84 Para Boesch, os rituais, uma vez que não são propriamente ritos, podem

Apesar de os rituais poderem ser espontâneos e carecer de estereotipia, quando eles valorizam uma ordem, a execução de modo repetitivo pode ser nela mesma um reforço da ordem: facilita a orientação, dá familiaridade e provê um sentimento potencial para aquela ação. Além do mais, a execução correta de um ritual além do domínio sobre o evento, proporciona uma maior aceitação social. Talvez aqui esteja a causa da tendência de os rituais virem a ser, com o passar do tempo, cada vez mais estereotipados e formalizados, ainda que possam sofrer os efeitos das variações circunstanciais. A natureza das mudanças e a sua amplitude podem variar muito, e é por isso que ritos antigos podem tender a desaparecer e novos podem ser criados.

7. As perspectivas múltiplas da representação

Um autor que merece atenção especialmente pela atenção que ele dá à *linguagem como uma ação simbólica* e pela análise que ele desenvolve é Kenneth Burke. Burke desenvolve uma *teoria* a qual chama de *dramatismo*. Esse termo tem dois sentidos ao mesmo tempo: de um lado dá conta das processualidades na comunicação humana e por outro lado da *Vorstellung,* da dinâmica da representação que institui uma realidade. A sua obra que lida com uma espécie de *gramática dos*

---

ser espontâneos (queimar uma bandeira), não precisam nem ser tradicionados e nem formalizados (como é o caso do ritual de "ir-dormir" de uma criança). Os traços de estereotipia, tão comum em certos grupos de ritos, não seriam essenciais nos rituais.

motivos e, especialmente, com a linguagem relacionada com a ação simbólica, tem em vista responder uma questão de base: o que estaria implicado em nossas afirmações relacionadas ao que as pessoas estariam fazendo e como explicamos o que os outros estão fazendo. Nesse sentido, ele elabora a famosa *pentade*, em que busca elaborar uma espécie de chave de leitura da ação humana.

James Wertsch, um estudioso da relação da cultura com as dimensões psíquicas, em sua obra, tem como pano de fundo a obra de Kenneth Burke, e dela, especialmente, lança mão da questão da *ação humana*.

> *A abordagem da ação humana de Burke é aquela que pode claramente ser compreendida como a que invoca as* perspectivas múltiplas *e o exame das tensões dialéticas que existem entre elas.* Assim, podemos, em resumo, chamar a primeira abordagem de Burke de *perspectivas múltiplas*.[85]

Nesse sentido, vale a pena citarmos o texto de Burke no que concerne à ação humana e os seus motivos:

> *Devemos usar cinco palavras para termos o princípio gerador de nosso estudo. São eles: ato, cena, agente, agência e propósito. Em uma afirmação completa sobre motivos você deve usar uma palavra para denominar* ação *(nomear o que aconteceu, em pensamento ou em gestos), outra para nomear a* cena *(o pano de fundo da ação, a situação em que ocorreu); deve indicar também que pessoa ou tipo de pessoa* (agente) *realizou a ação, com que meios ou instrumentos* (agência) *e*

---
85 WERTSCH, J.V. *Mind as Action*. Oxford: Oxford University Press, 1998, p. 13.

o propósito. Os seres humanos podem discordar violentamente sobre os propósitos de uma dada ação, ou em que tipo de situação ele agiu; ou ainda, eles podem insistir em palavras totalmente diferentes para nomear o ato em si. Mas seja ele o que for, toda e qualquer afirmação sobre motivos *deve apresentar* algum tipo *de resposta para essas cinco questões: o que foi feito (ação), onde ou quando foi feita (cena), quem fez (agente), como ele a fez (agência) e por que (propósito).*[86]

Essa *pentade* seria a chave da leitura com que Burke lida, em sua análise da *representação* humana, seja na literatura, no teatro, na cultura de um modo geral. Como vimos acima, o característico da ação humana enquanto tal é que se constitui em ação simbólica, para Burke.

A ação, implica um personagem e envolve também escolhas e a forma da escolha atinge a sua perfeição na distinção entre um Sim e um Não. Ainda que a mera ação (movimento) seja não ética, a ação humana implica o ético, a personalidade humana.[87]

Para efeito de uma proposta de leitura que buscaremos fazer adiante, vamos lançar mão do esquema de Burke apresentado acima, isto é, as cinco palavras para termos o princípio gerador, ou seja a *múltipla*

---

86 BURKE, K. *A Grammar of Motives*. Berkeley: University of California Press, 1969, p. 15. Vamos lidar adiante em complementação a Boesch e Duerr, com a obra de James V. Wertsch, especialmente no que diz respeito à narrativa. Cf. WERTSCH, J.V. *Mind as Action, op. cit.*, especialmente o capítulo 3 (Narrative as Cultural Tool for Representing the Past).
87 BURKE, K. *Language as Symbolic Action, op. cit*, p. 11.

perspectiva (da relação linguagem-símbolo e ação humana): ato (ação de um ou mais protagonistas), cena (âmbito em que a ação se desenrola), agente (personagem cuja presença, fala ou ação enseja a mudança ou o movimento), agência (instrumentos utilizados como mediadores da ação) e propósito (os objetivos mais ou menos claros com que tudo isso se faz; não há ação humana sem que de algum modo tenha alguma finalidade).[88] Esse referencial em si não é novo, mas o que Burke tem em mente é a distinção entre um simples movimento e uma ação: a ação (diversamente do movimento – *motion*) seria sempre proposital.

> *A distinção entre uma coisa que se move e um ser humano que age, é tudo, menos uma ilusão [...]. O animal humano, como o que conhecemos, emerge como uma personalidade, primeiro de tudo pelo domínio de um discurso ou de uma fala e o seu meio ambiente simbólico particular, de qualquer que tenha sido a sua tribo.*[89]

Mas Burke não para aqui, isto é, no simples esquema intencional e nos elementos simbólicos. Entretanto, ele, em sua análise mais detalhada dos termos das narrativas lança mão do que ele chamará de *pirâmides terminológicas*. Os termos usados pelos seres humanos em seus discursos simbólicos podem ter em si *densidades* comunicativas diversas às quais ele chama de *ordens*: natural, verbal, sociopolítica e sobrenatural. As pirâmides terminológicas

---
88 BURKE, K. *A grammar of the Motives*, op. cit., p. 15.
89 BURKE, K. *Language as Symbolic Action*, op. cit., p. 53.

apresentam-se sucessivamente, como na forma de camadas semânticas.

Os termos ou o palavreado das ordens são, de início, meramente naturais, ou seja, são palavras que se referem ao *natural*; nos termos de Burke, ao universo "menos-que-verbal", ao âmbito tangível das coisas e das operações cujas referências mais comuns são a posição e o movimento. Uma segunda pirâmide são as palavras no âmbito *verbal* em si, referidas à gramática, à retórica, à poética, à dialética, à lógica, à filologia, à etimologia, à semântica, ao simbolismo. Numa terceira ordem temos a dimensão *sociopolítica* que lida com os aspectos sociais, relacionais em que vemos termos como *justiça*, *direito* e *obrigações*. Por fim, temos a terminologia referida à pirâmide do *sobrenatural* ou de referencial simbólico abstrato (filosófico, religioso etc). Apesar de essas ordens serem claramente distintas – para efeito de análise – elas *acontecem* sempre um tanto quanto imbricadas, reconhece Burke.[90]

A atividade de *dar títulos*, não deixa de ser um processo de resumo, de afunilamento temático, de *negação* (de dizer o que não é), de escolha de palavras que sejam símbolos adequados, de um percurso temático.

> *Deveríamos aqui até lembrar Platão, cuja teoria vê as coisas desse mundo como exemplares imperfeitos de formas perfeitas que tem o seu ser eterno no âmbito do transcentente.*[91]

---

90 BURKE, K. *Language as Symbolic Action, op. cit.*, pp. 373-374.
91 BURKE, K. *Language as Symbolic Action, op. cit.*, p. 373.

Com isso ele resumiu ao mesmo tempo, os limites das teorias literárias e os limites da linguagem humana: elas não dão conta da experiência e podem ser reduzidas a um mero título. Esse, além do mais, apresenta-se ainda como que provisório e imerso em um mundo simbólico.

Podemos dizer, com Burke, que toda obra humana é um resumo, uma espécie de titulação. E isso vale também para a narrativa, que ainda sendo extensa, não passa de um rótulo, um título ou um resumo.

> Em resumo, as fontes dialéticas intrínsecas da titulação e da abreviação seriam essas: 1) podemos ter ali expressões verbais de duração variável, que resumem ou dão títulos a situações não verbais; 2) essas expressões podem ser tão abreviadas que uma porção delas assumem o lugar do todo, e as menores delas podendo até ser uma espécie de "título-do-titulo"; 3) de um modo equivalente, um objeto real pode ter o mesmo papel abreviativo, como no caso em que uma pessoa deixa de ser meramente o que ela é por ela mesma, e torna-se, a propósito, um aspecto dela, ou como quando podemos pensar uma árvore em especial como a "essência" de uma situação em que estão envolvidas a moradia, o jardim, o céu, a estação do ano, a hipoteca e assim por diante; 4) quando uma expressão for reduzida a uma porção dela mesma (a uma palavra) e uma situação não verbal for representada pelo mesmo fragmento ou porção que é "pensado" como assumindo o lugar da essência da situação (que é na realidade o seu contexto), as condições então estão maduras para um atalho no qual o objeto resumidor *pode ser colocado lado a lado com* a palavra resumidora.[92]

---

92 BURKE, K. *Language as Symbolic Action*, op. cit., p. 372.

Ainda que de um modo esquemático e com uma leitura talvez ainda pouco integrada, temos aqui três autores – Duerr, Boesch e Burke – que nos fornecem uma série de elementos para uma abordagem desse campo de experiências humanas limítrofe e ao mesmo tempo complexo e, não raro, vago que está entre os temas caros à psicologia e à antropologia.

PARTE II
NARRATIVA EM RITUAL:
EXERCÍCIO DE CONSTRUÇÃO DE UM ESPAÇO-OBJETO COMUM À PSICOLOGIA E À ANTROPOLOGIA

O ser humano fala, conversa, mesmo em silêncio, mesmo quieto ele se comunica e com isso ele se torna humano. O que nos interessa aqui não é tanto a fala conceitual, ou a que chamamos superficialmente de fala informativa, mas a comunicativa. Ou no trocadilho de Tannen: a *rapport talk* (fala-relação) e não a *report talk* (fala-relato). Ainda que não seja necessariamente um universal, ela dá a entender que a tendência das mulheres da cultura norte-americana seja mais de usar a fala-relação e os homens mais a fala-relato. Na realidade, talvez o melhor seja ver em que momento-situação ela ocorre. Duas mulheres conversando sobre as compras que acabam de fazer, podem muito bem ser informativas e um bando de homens em um *happy hour* podem muito bem usar uma linguagem relacional.[93]

---

[93] Deborah Tannen faz uma distinção entre uma fala em público e outra mais privada; ela distingue dois tipos delas: uma mais relacionada com as informações

e a outra com as relações; uma tem em mente mais os dados, e a outra se constitui como uma ponte ou um sistema de vínculos. Cf. TANNEN, D. *You Just don't Understand: Women and Men in Conversation.* New York: Ballantine Books, 1990, pp. 76ss; diversos autores manifestam admiração para o fato de que a *conversa* – falar e ouvir –, um fenômeno universal, tenha merecido tão pouca atenção do mundo acadêmico. Cf. SAMPSON, E.E. *Celebrating the Other.* A Dialogic Account of Human Nature. New York: Harvester Wheatsheaf, 1993, p. 97.

1. Narrativas e encenações: o humano em construção

O ser humano, ao nascer e percorrer o seu tempo de vida, constrói o seu mundo e o faz em diálogo-narrativo com os seus mais próximos, com o mundo que encontra e mesmo com o mundo que não encontra. Assim, os fenômenos que ocorrem no âmbito das relações grupais ou mesmo individuais, podemos encontrar também um âmbito mais amplo que seja da sociedade como um todo; na sociedade temos o ser humano na tarefa de construção de sua história. Assim vamos encontrar essa linguagem relacional ou melhor performativa nas diversas narrativas, sejam elas na forma de discursos verbais, sejam elas na forma de textos ou mesmo de representações pictóricas ou de encenações. Apenas de passagem tomemos quatro exemplos: as representações pictóricas astecas, as crônicas medievais, a resistência cultural incaica e as narrativas orais finlandesas.

Elizabeth Hill Boone apresenta as histórias pictóricas astecas como, claro, relatos de histórias do passado, mas também como uma espécie de *res gestae,* isto é, histórias dos antepassados que explicam o presente, e principalmente, criam a identidade de todos. Não são história isoladas como palavras lidas sem a voz humana.

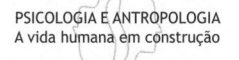

Os historiadores astecas não consultam essas histórias sozinhos nas bibliotecas ou nos seus estúdios, nem leem essas histórias para si mesmos,

como podemos fazer com um documento histórico ou uma obra de referência. As histórias pictóricas estão mais próximas a scripts *e a sua relação com os leitores está mais próxima a* scripts *em que os leitores são convidados a ser atores.*[94]

Por isso, são obras para serem lidas em voz alta e para uma audiência em que o primeiro ouvinte é o próprio leitor; esses *codices* são como que frases de uma longa história. O leitor além de *ler* – o que já é uma interpretação –, *interpreta,* ou seja, se reveste do personagem. Boone admite que as histórias pictóricas não são outra coisa senão um texto-roteiro a ser interpretado em um palco. É evidente que a destruição das informações pictóricas redunda na destruição de todo o sistema da transmissão cultural.

Algo semelhante às representações pictóricas astecas, mas de teor muito mais dramático, são as pinturas e a literatura que representam a tragédia da prisão e morte do rei incaico Atahualpa depois de seu encontro com os espanhóis em Cajamarca, em 1532. Em *Comentarios Reales de los Incas* (1609 e 1617) escrito por Garcilaso de la Veja Inca, por exemplo, antes de ser uma história daqueles momentos dramáticos do povo inca, é uma literatura-relato do encontro e mesmo confronto de duas culturas em oposição e a busca da compreensão e elaboração dos eventos. Raquel Chang-Rodríguez utilizando-se da tradução

---

[94] BOONE, E.H. Aztec Pictorial Histories: Records without Words, em: BOONE, E.H.; MIGNOLO, W.D. (Eds.). *Writing without Words: Alternative Literacies in Mesoamerica & the Andes.* Durham: Duke University Press, 1996, p. 50ss.

do quéchua da *Tragedia del Fin de Atau Wallpa*, feita por Jesús Lara, busca compreender os recursos dos quais os incas lançam mão para, de um lado, apresentar uma resistência cultural e, de outro lado encontrar uma mensagem de esperança no meio do drama. Três elementos fantásticos são apresentados: o mito de Inkarrí em que o rei decapitado que tem o seu corpo recomposto; a volta dos deuses locais guacas que viriam ajudar o povo nas batalhas e o cataclisma cósmico sinalizado pelo sol que se escurece atrás de densa fumaça no sonho de Atahualpa.

> *Na tragédia temos a confluência do individual e do coletivo, do oral e do escrito, a mensagem e o mito, para uma reinterpretação do relato histórico e oferecer uma nova versão aos eventos. Nesse relato, o passado andino é evocado e exaltado para muito além do encontro de Cajamarca, projetando-se no presente e constituindo o futuro.*

Para Chang-Rodríguez, as encenações, que ainda encontramos hoje, da tragédia de um evento que aconteceu há séculos, sinaliza a continuidade da cultura andina e mesmo a sua capacidade de resistir a valores diversos dos seus por uma definição da história do seu jeito. A encenação e dramatização é uma linguagem-narrativa que informa a sua compreensão do *encontro* e o transforma em uma dimensão simbólica.

> *Nela, (na encenação) a morte de Ataualpa e a punição de Pizarro vão além da ruptura violenta evidente em suas representações históricas e*

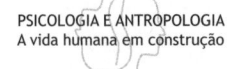

literárias, e tornam-se paradigmas da justiça devida, tanto ontem como hoje, ao povo andino.[95]

Annikki Kaivola-Bregenhøj, em seu ensaio *Homo Narrans* apresenta um longo estudo da literatura fantástica, e de um modo especial, dos contos de fadas e narrativas correlacionadas. A análise dessa *literatura* já tem uma grande produção ensaística e diversas interpretações já foram apresentadas, não vem ao caso desviar-se por ela nesse momento. Kaivola-Bregenhøj sustenta que esses contos, além de criar uma espécie de pano de fundo cultural comum – emoções, concepções, significações etc. – servem também para lidar com as angústias, sonhos, limitações e incertezas da vida cotidiana. Ele apresenta essa situação ao referir esse assunto, em um momento bem preciso da sociedade finlandesa:

> *A comunidade rural do final do século XIX, mostra-se ela mesma como rigorosa e rude, como se vê na pesquisa de Satu Apo (1995): era uma sociedade marcada pela violência e pela punição. Os sonhos dos personagens dos contos de fada no que dizem respeito ao futuro, eram materializações de esperanças ilusórias e relacionavam-se tanto com o mundo do narrador quanto com o da audiência. Nesse sentido, os contos de fada funcionam como uma espécie de interpretação do presente.*[96]

---

95 CHANG-RODRÍGUEZ, R. Cultural Resistance in the Andes and Its Depiction in Atau Wallpaj P'uchukakuyninpa Wankan or Tragedy of Atahuala's Death, em: CEVALLOS-CANDAU, J.F.; COLE, J.A.; SCOTT, N.M.; SUÁREZ-ARAÚZ, N. (Eds.). *Coded Encounters. Writing, Gender, and Ethnicity in Colonial Latin America*. Amherst: University of Massachusetts Press, 1994, p. 115ss.
96 KAIVOLA-BREGENHØJ, A. Homo Narrans: People Making Narratives. *FF*

Kaivola-Bregenhøj ao longo de seu texto sempre retoma a ideia de que os contos de fada – ou a literatura para ser lida em voz alta – é um fenômeno antes de tudo de cenário: um texto – lido ou sabido de cor – relatado por alguém e ouvido por uma plateia. Essa literatura sofre mudanças, interferências e mesmo assim cai no esquecimento, dependendo da situação vital da audiência.

> *A narração é uma atividade cultural que aprendemos juntamente com a nossa língua-mãe, na medida em que crescemos em nosso círculo vital particular*. Através da narrativa criamos uma base (social) *comum, nos divertimos, apresentamos nossas opiniões a respeito da situação do mundo e evocamos a aprovação ou a crítica* (dos presentes). *A narrativa é um evento tão normal no dia a dia que às vezes nem nos damos conta dela; e até mais, nem notamos que nós mesmos somos narradores. A narração pode ser comunicada através de diferentes canais, por exemplo, através de um romance, de uma peça de teatro, de um filme ou de uma dança, mas aqui me limito a lidar com o processo através do qual as pessoas apresentam uma comunicação verbal completa aos seus ouvintes.* [97]

Kaivola-Bregenhøj não tem tanto em mente o *texto*, mas o *contexto* das narrativas.[98]

NETWORKS, 2005, 29, pp. 3-12 (tradução desse texto *ad instar manuscripto*, de posse do autor); APO, Satu. *The Narrative World of Finnish Fairy Tales. Structure, Agency, and Evaluation in Southwest Finnish Folktales.* Helsinki: Academia Scientiarum Fennica, 1995.
97   KAIVOLA-BREGENHØJ, A. *Homo Narrans, op. cit.*, p. 3.
98   Uma excelente síntese do tema *narrativa* pode ser encontrada em RAPPORT, N.; OVERING, J. *Social and Cultural Anthropology: Key Concepts.* London, Routledge, 2000, pp. 283-290 (Narrative).

Praticamente nessa linha, temos as crônicas assim ditas *históricas*. A Idade Média foi rica na produção das mesmas. Ao longo da história da literatura, desde a Antiguidade, sempre vamos encontrar desses escritos que misturam eventos ou acontecimentos com dimensões fantasiosas. As crônicas podem contar o longo passado de uma pessoa, de uma família, de uma região e mesmo de todo um povo. Concordamos com Erica Bastress-Dukehart, que tomamos aqui como exemplo, quando diz que "a manipulação do passado faz das crônicas mais que um mero repositório de eventos históricos e listas de descendentes diretos" (de uma família). Os mundos com que a crônica lida são coletivos e profundamente relacionados com os diversos aspectos emocionais da vida. Uma família pode ser vista como guerreira, outra como um grupo de cientistas, outra ainda como produtora de riquezas e assim por diante.

> *Esses filtros variam de um século para o outro, de uma região para outra, como se um presente instável reinterpretasse o passado para poder compreender a condição presente.*

Bastress-Dukehart, de qualquer modo, admite que independente da formulação e da redação das crônicas "sem memória as tradições se perdem". Sem uma memória coletiva que elabora uma espécie de rede de costumes sociais, valores e ideais, que vão estabelecer, por sua vez, os limites da imaginação dos cronistas de acordo com a sua procedência social e dentro da qual as memórias individuais estão situadas, a cultura como um todo se perde. Os humanistas apresentam fantásticas paisagens históricas, os topógrafos desenham mapas que dão à nobreza uma sensação de localização. Ambos instigam a imaginação e até despertam uma certa nostalgia, reconhece Bastress-Dukehart. É a partir disso que os cronistas vão configurando as suas *ilusões do passado*. Relacionam lugares específicos a lembranças especiais: "Eles constroem pedra por pedra, palavra por palavra, o futuro de sua identidade".[99] Talvez mais que tudo, o que se busca nessa literatura, é a continuidade; os fios condutores do passado até o presente gerando uma sensação de identidade.

De certo modo, com a tendência a se valorizar a assim chamada história objetiva, ou pelo menos, documental, toda essa tendência passou a ser deixada de lado.[100] Entretanto, o trabalho do cronista para ter a sua obra vista como tal, passa por um processo um tanto próximo do ritual: é necessário que haja uma certa *aceitação* um tanto quanto tácita da linguagem, da mensagem e mesmo do âmbito cultural em que ela é apresentada. Nisso se assemelha à proposta das narrativas de contos de fada que vimos acima.

---

99 BASTRESS-DUKEHART, E. *The Zimmern Chronicle: Nobility, Memory and Self-Representation in Sixteenth-century Germany*. Burlington: Ashgate, 2002, p. 14.
100 Jack Goody sustenta que as culturas orais tendem a uma maior flexibilidade que as dependentes de textos escritos sagrados. GOODY, J. *Myth, Ritual and the Oral*. Cambridge: Cambridge University Press, 2010, p. 154; veja-se também, relacionado ao contexto do mundo grego e do Oriente Médio o ensaio de Goody e Watt. Cf. GOODY, J.; I. WATT, The Consequences of Literacy, em: GOODY, J. (Ed.). *Literacy in Traditional Societies*. Cambridge: Cambridge University Press, 1968, pp. 27-68.

Em termos gerais, para que a crônica seja acolhida como tal, temos que encontrar um campo psicoantropológico de acolhida. Como no caso do mito e do rito, apresentado sinteticamente por Roy Rappaport: "O rito especifica a relação do celebrante com o que ele está fazendo [...], já o mito pode ser contado nas mais diversas situações". Quando um mito se relaciona diretamente com um rito, ele como que o cristaliza; se ele ficar solto serve para tudo: passatempo, lição de moral, literatura, cantigas, história para criança dormir. Assim, para que a crônica – indiretamente o mito – seja vista como tal, ela recebe uma espécie de moldura que, se de um lado a enrijece, do outro permite que ela seja aquilo para o qual ela foi escrita: constituir uma tradição em que fantasia e realidade se misturam e iluminam o acontecer presente.[101]

2. Cultura e narrativa: alguns mediadores e suas tarefas

A questão que temos em mente, isto é, a relação do psiquismo – em suas diversas dimensões – e a cultura, Para tanto, iniciemos com uma questão de James Wertsch: "Como o psiquismo se relaciona com os contextos culturais, sociais e históricos?". Esse assunto, ainda que usando termos diversos, sempre foi uma questão dos estudiosos. Ele se tornou candente com a insatisfação das *soluções* presentes tanto na psicologia como na

---

[101] RAPPAPORT, R.A. The Obvious Aspects of Ritual, em: GRIMMES, R.L. (Ed.). *Readings in Ritual Studies.* New Jersey: Prentice Hall, 1996, p. 433.

antropologia, especialmente devido às reduções ou aos modelos usados. Para Wertsch, sempre que se chega a uma espécie de síntese, tende-se em seguida para a fragmentação das abordagens, tornando o objeto de estudo cada vez menos real. Mas para se considerar esse assunto a partir de campos de saber diversos ele julga importante lidar-se com diversas perspectivas, e mantê--las, e não, por fim, reduzir tudo a uma.

Wertsch além de lidar com o conceito de ação humana de Burke, usa o termo *ação mediada*, isto é, a que adquire um dado sentido graças à sua imersão em um meio cultural. Tendo em mente os cinco aspectos de Burke, nesse caso da ação mediada, trata-se da ação em que um agente usa um determinado meio cultural. A ação humana é *moldada* pelos instrumentos culturais. A linguagem é um instrumento cultural e o *discurso* é a forma de uma ação mediada, o modo que isso assume pode ser a da fala. Referindo-se a Bakthin[102] ele diz que "o discurso somente pode existir na forma de comunicação concreta de uma pessoa falando".

Para Bakhtin, a linguagem é um sistema que é repetido e reproduzido. Dentro desse sistema temos as *falas* e o que mais interessa para ele são os tipos ou gêneros de discursos que corresponderiam a situações típicas de comunicação onde possuimos temas típicos, contatos típicos e ali até mesmo o significado das palavras são particulares.

---

102 BAKHTIN, M.M. *Speech Genres and Other Late Essays*. Austin: University of Texas Press, 1986.

> *Os gêneros de discursos organizam as nossas falas praticamente do mesmo modo que as formas gramaticais. Aprendemos a pronunciar os nossos discursos de uma forma genérica e quando ouvimos as falas de outrem, sacamos o seu gênero desde as suas primeiras palavras; podemos predizer a extensão (isto é, a extensão aproximada de toda a fala) e certa estrutura da composição; somos capazes até de prever o seu fim, ou seja, desde o seu início temos a sensação do discurso como um todo, que somente se diferenciará mais tarde ao longo do próprio processo da fala.*[103]

É claro que ressoa aqui algo de Von Humboldt e seus seguidores, sua preocupação com a linguagem e o pensamento que brota já nos fins do século XVIII. Se de um lado a ritualística com seus mitos organiza o mundo, do outro a língua com suas lógicas organiza o pensar.[104]

Como vimos nos exemplos acima, temos diversas modalidades de falas ou de discursos, mas aqui ficamos com um em especial que é a narrativa. Sobre esse assunto, diversos autores com enfoques variados já trabalharam sobre ele e propuseram abordagens das mais variadas. Se ela é uma *crônica*, se ela é parte

---

103 BAKHTIN, M.M. *Speech Genres and Other Late Essays, op. cit.*, pp.78-79; Maria Tereza de Assunção Freitas reconhece na obra de Bakhtin – *Estética da criação verbal* – uma linha de contato com a psicologia, especialmente no que concerne ao significado precípuo da relação criança figura materna: "É pelos olhos da mãe que a criança começará a ver-se pela primeira vez". Cf. de ASSUNÇÃO, M.T.; FREITAS, Bakhtin e a psicologia, em: FARACO, C.A. *et al. Diálogos com Bakhtin.* Curitiba: Universidade Federal do Paraná, 2007, pp. 149-151.
104 Uma boa síntese disso está em: SEGATTO, A.I. Sobre o pensamento e a linguagem (Wilhelm Von Humboldt). *TRANS/FORM/AÇÃO*, 2009, 32, pp. 193-198.

de uma literatura fantástica, se ela é um mural ou uma encenação comemorativa de um evento não vem tanto ao caso.[105]

Ficamos aqui com a ideia básica de que ela é um modo de o ser humano organizar através de algum instrumento linguístico, as suas experiências ao longo do tempo.[106]

3. Força ativa e organizadora da palavra humana

Inúmeros estudiosos, especialmente dentro da onda de diálogo interdisciplinar a que nos referimos acima, buscaram um elemento comum, de encontro. Com isso, na assim chamada *cultural turn* e *linguistic turn*, houve a acolhida de instrumentos novos e variados tanto pela etnologia como pelos diversos ramos da psicologia. E nessa empresa muitos já lançaram mão dessa característica humana – de elaborar narrativas e

---

[105] Ainda que, como vimos de início, os primeiros estudos da linguagem humana sejam seculares, a aproximação da temática da narrativa é algo bem mais recente, como se pode ver na excelente literatura citada por António Ribeiro *et alii*. Encontramos já diversas tendências em seus estudos, umas que valorizam mais o conteúdo, outras a dinâmica ou os processos, já outras ainda os diversos níveis, por exemplo: Cf. RIBEIRO, A.P. *et alii*, Self-Narrative Reconstruction in Psychotherapy: Looking at Different Levels of Narrative Development. *Culture & Psychology*, 2010, 16(2), p. 195ss.

[106] Citamos aqui alguns autores que podem complementar o pensamento de Wertsch. LEWIS, Th. A. On the Limits of Narrative: Communities in Pluralistic Society. *Journal of Religion,* 2006, 86(1), pp. 55-80; LABOV, W. Uncovering Event Structure (paper disponível na Internet, com tradução *ad instar manuscripto* com o autor); OLIVEIRA, C.E. França de. Narrativa e conhecimento histórico. <www.historica.arquivoestado.sp.gov.br/.../materia02/>; SQUIRE, C. *Reading Narratives* : <www.uel.ac.uk/cnr/documents/CNRWIPJune04Squire.doc>; RASTIER, F. Théorie du Récit dans une Typologie des Discours. *L'Homme*, 1971, 11, pp. 68-82.

de algum modo expressá-las – de usar meios os mais diversos para comunicar uma mensagem, e especialmente, para comunicar-se em uma mensagem. É óbvio que com isso resta como decorrência, de qualquer modo, a tarefa e a necessidade da interpretação em suas inúmeras modalidades. Ou nos termos de Burke: o uso quase que universal da dialética, isto é, falar de algo através de algo.[107] Em linhas gerais, pois, seguiremos o pensamento e a síntese de Wertsch, mas antes levantaremos alguns elementos para elucidar um pouco o próprio termo "narrativa" e sua riqueza hermética.

No excelente resumo sobre o conceito de narrativa que Nigel Rapport e Joanna Overing fazem, eles deixam claro que nos dias de hoje esse conceito refere-se a um mundo de assuntos e dimensões. Eles afirmam que vamos encontrar narrativas nos mitos, fábulas, lendas, novelas, contos épicos, histórias, tragédias, dramas, comédias, imitações mímicas, pinturas, filmes, fotografias, histórias em quadrinhos, jornais, conversas...[108] Podemos, nessa linha de pensamento, ampliar ainda mais: a construção de uma cidade é uma narrativa, a construção de uma casa é uma narrativa, a distribuição dos móveis, dos quadros nas paredes é uma narrativa; o modo como os utensílios de cozinha estão guardados nas gavetas e assim por diante.

---

107 Kenneth Burke apresenta inúmeras definições de *dialética*, mas em termos do que nos interessa aqui é esse processo de mediação contaminante. O que se usa e o modo como é feito, não deixa de interferir no como a mensagem vai ser dada e compreendida. Cf. BURKE, K. *A Grammar of Motives*. Berkeley: University of California Press, (1945) 1969, p. 402ss.
108 RAPPORT, N.; OVERING, J. *Social and Cultural Anthropology*: The Key Concepts *(Narrative)*. London: Routledge, 2000, p. 283ss.

Podemos, em resumo, dizer que todo e qualquer fenômeno em que, de algum modo, o ser humano teve alguma interferência significativa é um fenômeno narrativo. Com isso podemos dizer que todo fenômeno que requer uma fala para que seja humanamente compreendido é um fenômeno narrativo. Dentro da linha de reflexão apresentada aqui, temos, evidentemente, fenômenos externos, como os citados acima, mas também os internos, como as emoções, os sonhos, as experiências ao longo da vida etc. A narrativa, como vimos, é uma *fala* que usa quase tudo para comunicar um sentido dos eventos ao longo do tempo.

Esse campo já apresenta uma produção ampla, de tal modo que lidaremos aqui apenas com alguns exemplos, mais com o intuito de apresentar algumas chaves de um mundo a ser percorrido. Trata-se mais de um *exercício* de sensibilidade.

Tomemos, por exemplo, a obra de Labov mesmo que depois de estudar as peculiaridades das falas das pessoas em diversas circunstâncias, conclui, sem alguma novidade em especial, que a fala humana apresenta uma espécie de sequência. Dizemos que isso não é novo, uma vez que encontramos isso mais ou menos padronizado até nos contos de fadas. Em linhas gerais, temos pelo menos três passos: uma síntese inicial, um desenvolvimento e uma conclusão. Mas análises mais atenciosas permitem ver diversas subseções interessantes. Labov resume, como no quadro abaixo:[109]

---

109 LABOV, W.; WALETZKY, J. Narrative Analysis, em: HELM, J. (Ed.). *Essays on the Verbal and Visual Arts*. Seattle: University of Washington Press,

> a inserção da narrativa num molde de conversa de revezamento a partir de um *abstract*;
>
> a orientação do ouvinte no tempo, espaço, agentes e atividade da narrativa;
>
> a organização temporal de ações complexas através de vínculos (sinais) temporais;
>
> a avaliação diferencial das ações pela justaposição dos eventos reais e potenciais através de predicados irreais;
>
> a validação da maior parte dos eventos relatados pelo aumento da credibilidade através do uso de testemunhos objetivos;
>
> atribuição de méritos ou culpa pelo evento apresentado pela integração ou polarização dos participantes;
>
> a explicação da narrativa através de relações causais a partir da maior parte dos eventos relatados buscando uma orientação;
>
> a transformação da narrativa em vista do interesse do narrador através de apagamentos de eventos objetivos e a inserção de eventos subjetivos;
>
> o final da narrativa através da volta da referência temporal para o presente por meio do uso da coda.

Quadro 2 – Elementos estruturais subjacentes às narrativas.

A análise de narrativa, ao estilo de Labov, permite uma série de reflexões: primeiro, uma narrativa pode conter em si diversas micronarrativas; nem sempre há uma fidelidade na questão temporal em vista de outras intenções do autor; pode haver até um desordenamento

---

1967, pp. 12-44. Reimpresso no *Journal of Narrative and Life History,* 1997, 7, pp., 3-38; Labov por sua vez faz uma apresentação mais ampla em: LABOV, W. *Uncovering Event Structure. Paper* foi apresentado pela primeira vez em um encontro de um Seminário de estudos avançados coordenado por Heidi Hamilton, na Universidade de Georgetown, em fevereiro de 2001.

no caso de intervenção dos ouvintes ao longo do *discurso* com diversas consquências. Isso é especialmente significativo no processo de escuta, uma vez que a *plateia* pode desviar a intenção original da narrativa.

Um desafio interessante seria colocar em diálogo, ainda que apenas como exercício de perspicácia, William Labov e Kenneth Burke. A reflexão de Kenneth Burke pode trazer, para esse esquema de Labov um passo ulterior de compreensão, especialmente pelo aspecto importante que ele traz, isto é, o simbolismo.[110] Um bom resumo da aplicação do pensamento de Burke, no que diz respeito à narrativa, é a sua análise da *titulação*, como vimos acima.

Esses atalhos – os universais, nos termos de Burke – são a um tempo, palavras e signos de coisas ou de realidade não verbais. As narrativas – processos de uso de símbolos – são, a partir disso, espécies de resumos de experiências, de sonhos, de histórias.

James Wertsch afirma, na esteira de Bakhtin e outros, que a narrativa pode ser um instrumento cultural para representar o passado, não como um simples relato ou reportagem, mas como uma reconstrução simbólica, significativa e interpretada. Além das observações de Wertsch, poderíamos lançar mão com

---

110   *O ser humano é um animal que usa símbolos (inventa símbolos, usa erradamente os símbolos), um animal inventor do negativo (moralizado pelo negativo), separado de sua condição natural por instrumentos feitos por ele mesmo, endeusado pelo espírito de hierarquia (ou movido por uma espécie de senso de ordem) e minado pela perfeição.* Cf. BURKE, K. *Language as Symbolic Action: Essays on Life, Literature, and Method.* Berkeley: University of California Press, 1966, p. 16 (trata-se de um resumo do primeiro capítulo, no qual cada um desses aspectos é discutido).

bastante utilidade das reflexões de Austin, que lembramos em nota acima. Além do mais, Catherine Riesmann, Arthur Frank e Dan McAdam, cada um a seu modo poderiam trazer luzes para o exercício que vamos propor, mas isso tenderia mais a uma análise dos referenciais narrativos, e não tanto a um diálogo entre algumas dimensões psicológicas e antropológicas que pensamos fazer.[111]

4. Redes de símbolos: passado, tensões e identidade

Desde o momento em que se amplia o horizonte da consideração das falas humanas e especialmente, da variegada família de instrumentos da mesma, muitos fenômenos podem servir de instrumentos dialéticos, na conceituação burkeana. Andar por uma cidade, examinar o modo como uma pessoa se veste, os estilos de refeições nos botecos de esquina, as inúmeras cerimônias mais ou menos estilizadas da vida social e assim por diante, em tudo e muito mais pode-se presenciar narrativas.

Como um exemplo disso, vamos analisar aqui, ainda que de um modo elementar e como exercício, uma *história* da vila de Chonim de Cima, contada pelo neto de seu

---

111   RIESSMAN, C.K. *Narrative Methods for the Human Sciences*. London: Sage, 2008; FRANK, A.W. *Letting Stories Breathe: A Socio-narratology*. Chicago: The University of Chicago Press, 2010; McADAMS, Dan P. *The Stories We Live by. Personal Myths and the Making of the Self*. New York: The Guilford Press, 1993.

fundador, cujo nome não nos foi possível recuperar.[112] Chonim de Cima é um vilarejo, hoje distrito de Governador Valadares, em Minas Gerais. Iniciou sua *existência* em 1895, com a abertura de uma clareira na mata para a construção de uma igrejinha e a sede de um *patrimônio*. Foi objeto de estudo do antropólogo canadense Kalervo Oberg em meados dos anos 1950, como parte daquela onda de estudos de *comunidades isoladas* do *hinterland* do Brasil, como *Cruz das Almas* de Donald Pierson, *Parceiros do Rio Bonito* de Antônio Cândido etc. A *história* que vamos considerar é a que foi coletada por Oberg em 1953. Oberg, como os demais, estudou as *comunidades isoladas* no Brasil, estava em busca de uma chave de compreensão do *homem brasileiro*.

A narrativa apresentada aqui foi, pois, recolhida há quase sessenta anos por Kalervo Oberg. Ele, certamente, não tinha por objetivo mostrar um *fenômeno* para ser submetido aos instrumentos de análise de Burke, Boesch e Duerr, ou mesmo de Labov; nós é que fazemos dessa narrativa um pretexto de leitura no qual avizinhamos dimensões psicológicas e antropológicas tendo em mente as chaves de leituras desses autores.

Além do mais, uma vez que os dados da narrativa apresentam-se como uma *floresta* pela qual se pode transitar de modos muito variados, uma vez que não tem um caminho único, mas muitos. A história de *Marcelino* na realidade compõe-se de diversas sub--histórias e pode ser vista como um todo desde uma

---

112 OBERG, K. *Chonim de Cima: A Rural Community in Minas Gerais.* Rio de Janeiro: OSOM, 1958, pp. 18-22.

saída até uma chegada, mas pode também ser vista como pequenos episódios com um começo, meio e fim em si mesmos em um processo de encadeamento. De qualquer modo, é uma *interpretação* de um *texto* em um contexto. Aqui, temos sempre como pano de fundo o conselho de Geertz:

> *Os antropólogos simplesmente terão de aprender a compreender as diferenças mais sutis e seus textos se tornam, assim, mais sagazes, ainda que menos espetaculares.*[113]

E aqui, colocamos *pari passu* a postura de James Wertsch:

> *O instrumento cultural básico para gerar as representações históricas, [...] é a linguagem, mas focamos aqui formas bem particulares de linguagem, isto é a narrativa. Uso das formas narrativas para representar o passado não é assim tão natural como possa parecer hoje, mas elas evoluíram ao longo da história dos escritos históricos.*[114]

Assim, para Wertsch, em colaboração com Sholes e Kellog, existiriam muitos modos alternativos de representar o passado e essas alternativas lançam mão de instrumentos culturais os mais diversos.

Apenas para efeito de uma *leitura* com essas referências, vamos lidar com algumas dessas secções lendo-as, aleatoriamente, com os autores com quem

---
113 GEERTZ, C. *Nova luz sobre a antropologia.* Rio de Janeiro: Jorge Zahar, 2001, p. 68.
114 WERTSCH, J.V. *Mind as Action, op. cit.*, pp. 78-79; SHOLES, R.; KELLONG, R. *The Nature of Narrative.* London: Oxford University Press, 1966.

dialogamos; não sabemos se por trás dos episódios apresentados existe uma estrutura prévia e universal, o que podemos ver é que com esses instrumentos os diversos níveis de temas e subtemas em concordância ou em conflito, podem emergir e manifestar-se com mais clareza.

4.1 Do Inferno ao Paraíso: um olhar de Duerr

O primeiro parágrafo poderá ser visto a partir de alguns conceitos de Hans Peter Duerr: Wildnis (dimensão selvagem), Grenze (fronteira), Kultur (civilização), Traumzeit (tempo de sonho) e tempo de vigília e as relações dos mesmos com os espaços. Retomando a ideia original de Duerr, ele apresenta um esquema de leitura da fenomenologia humana a partir de uma influência existencialista, ou mais propriamente heideggeriana; um modelo ou mapa em que alguns elementos dialogam: área inculta e cultivada, o tempo ou a temporalidade relacionado a essas áreas, e as dinâmicas das fronteiras entre as mesmas.

Marcelino José da Cunha, talentoso e ainda jovem com os seus 49 anos, corajoso, mas pobre, vivia em Guanhães com a sua esposa e 13 filhos (6 rapazes e 7 moças). Durante algum tempo ele esteve pensando em um lugar onde pudesse estabelecer uma fazenda sólida que mais tarde pudesse dar alguma segurança para os seus filhos. Mas como? Em Guanhães, isso não era mais possível. Somente no mato os seus desejos poderiam se realizar; o seu ideal ali poderia ser realizado. Mas a floresta? A malária? Só de falar isso já causava um horror. As pessoas em Guanhães diziam que ele estava meio louco para querer ir morar no mato. Mas nada atemorizou Marcelino. Cheio de energia e fé em Deus, ele tomou a decisão de ir. Isso foi no ano de 1895, ele saiu em busca da sua terra dos sonhos apesar de todas as dificuldades que ele já esperava encontrar.

Depois de reunir os suprimentos e carregar nos animais ele tomou o caminho de Peçanha e de Coroaci, viajando por três longos dias pelas piores estradas, morro acima e abaixo, até encontrar as famosas montanhas da Escadinha, que foram seguidas ao longo de 15 km, uma distância em que não se encontrou mais água. As longas estradas sem uso estavam cobertas por bambus espinhentos até ao ponto de em alguns lugares se terem tornado impenetráveis. Mas nada assustou Marcelino que foi adiante corajosamente até que finalmente chegou a um descampado cercado por uma densa floresta virgem. Um grande número de animais foi encontrado ali, tais como o tapir, a capivara, o veado, os porcos do mato, a paca, a cotia, vários tipos de macacos, onças, tamanduá e muitos outros. Entre os pássaros foram encontrados o mutum, a arara, o jacu, a jacutinga, o macuco, o jaó e outros.

Claramente, o *neto* de Marcelino estabelece, em seu discurso, um campo-paisagem com referências um tanto contrastantes, bem ao gosto da análise Duerr. Esse *campo* vai ao mesmo tempo alocar um tempo, um sonho, espaços e lugares de passagem dentro de uma tensão. Digamos que a apresentação primeira de Marcelino é bem *civilizada*: nome, idade, localidade e situação ou identidade social. Um sujeito *sujeitado* a uma *Kultur,* com os traços claros de *tempo de vigília* ou de consciência clara da situação e das relações na situação. Mas essa alocação espacial não elimina um *Traumzeit* – um tempo de sonho; o horizonte de um espaço *além-fronteira*. Guanhães era pequena e abafada demais. *Somente no mato seus desejos poderiam se realizar.* Mato, desejo, realização, tudo isso é do espaço do *sonho*, no linguajar de Duerr; ou melhor, é lugar do Wildnis, da dimensão selvagem do ser humano. Ficar no tempo da vigília é ficar no conhecido, no referido, no estabelecido; buscar o tempo do sonho é um risco, um *morar no mato*. Os *estabelecidos,* para usar um termo de Elias,[115] vão chamar essa ideia de *loucura*.

Há, a propósito, uma descrição do *mundo fantástico* do após *Grenze*, do que está além-fronteira: floresta, malária, loucura. Mas essa descrição é a da Kultur, isto é, da civilização sem sonho, em vigília. Não poderia haver outra realidade, um outro mundo?

Há também uma *decisão* – um corte, uma separação, uma superação – tomada ainda no clima de *Traumzeit*: destemor, energia e fé em Deus. São as operações de fronteira, em que o *já* se encontra com o *ainda não*. O clima de tensão da *fronteira* fica claro com os passos de planejamento (vigília): em 1895, suprimentos, cargas, destino Coroaci e Peçanha, três dias de viagem até *as famosas montanhas das Escadinhas*. Tudo aqui está dentro do *controle*, ou do civilizado. Mas ao mesmo tempo imerso no incerto: Falta de estradas e de água. E por fim o Paraíso: o máximo do *Traumzeit*: descampado, terra

---

115 ELIAS. *Logiques de L'Exclusion.* Paris: Fayard, (1965), 1994.

virgem, animais. O lugar do encontro do sonho com a sua realização.

Essa rede de conceitos de Duerr lida como a construção de uma paisagem dinâmica em que vários elementos estão presentes ao mesmo tempo: tempos diversos que constituem territórios diversos; ações diversas que constituem mundos diversos; sentimentos diversos que constituem ações diversas. Em resumo: a narrativa lida nesse caso com a constituição de uma história multidimensional em que a vigília e o sonho dialogam ao mesmo tempo em que a realidade e a fantasia *encenam* um mundo dinâmico. São nessas situações e com esse linguajar que Duerr faz a psicologia dialogar com a antropologia, o mundo das emoções e conhecimentos certos e incertos com o mundo dos sentidos e buscas das redes de sentidos, dos tempos e dos espaços encontrados e a serem construídos.

4.2 A construção do ninho simbólico

No segundo parágrafo da narrativa *Neto do Marcelino*, vamos lançar mão dos conceitos da leitura da *ação humana em múltiplas perspectivas*, de Kenneth Burke (dramatismo), tendo como referência as *pirâmides terminológicas*: natural, verbal, sociopolítica e sobrenatural. Tenhamos em mente, além do mais, a perspectiva dialética – falar de coisas através de coisas – e o horizonte de cenário ou de palco, tão caro a Burke, ancorado no tripé: ato, cena e agente.

> Existiam ainda alguns índios selvagens vivendo na área. O solo fértil estava coberto por uma valiosa madeira de lei em pé, e essas árvores eram as mais comuns: Peroba, ipês, sapucaieiras, baraúnas, bálsamos, cedros, itapicurus e um grande número de outras. Foi ali então que Marcelino encontrou o lugar dos seus sonhos. Existiam já umas poucas casas na área, ocupadas por moradores que cultivavam pequenas áreas de terra. Esses tinham vindo de Governador Valadares![116] Uma pequena área foi deixada de lado para a igreja de Nossa Senhora da Piedade. Marcelino comprou as pequenas propriedades dos roceiros e garantiu a sua cooperação no estabelecimento de sua grande fazenda. Foi dado o nome à fazenda de Bom Retiro de Chonim. Um dos chefes indígenas, que anteriormente ocupara esse vale, chamava-se Choni, e a partir disso a fazenda e depois a vila, receberam o seu nome. Pouco mais tarde, irmãos e primos de Marcelino vieram e assumiram as terras próximas da fazenda. Entre esses estavam Zeferino José da Cunha, Antônio Gonçalves da Cunha, Domingos Fernandes da Cunha, Cesário e Eduardo da Cunha. Apesar de Marcelino ter comprado as pequenas propriedades dos camponeses, ele permitiu que eles continuassem a viver e a trabalhar em suas antigas propriedades. Por isso, Marcelino se tornou meio Moisés, que sabia conduzir o seu povo com toda a humildade. Como essas pessoas e os seus filhos eram analfabetos ele até mesmo fundou uma pequena escola primária para eles.

Burke apresenta os *termos* para o princípio gerador das múltiplas perspectivas do propósito, em sua elaboração, dentro de certa logicidade. Mas eles não aparecem assim tão *em ordem*, nas narrativas. Nesse parágrafo, por exemplo, claramente temos primeiro um cenário original que, idealmente, será transformado em um cenário, digamos, elaborado,

---

116 O nome do município de Governador Valadares é de 1938, entretanto a vila ou a presença humana é bem anterior e o autor apenas quis referir-se àquela região, hoje denominada com esse nome (NT).

derivado de um *ato proposital*. Os índios, o solo fértil, as árvores e algumas *casas naturais* darão lugar ou serão desespacializados para engendrar o campo de uma *fazenda*. A relação entre agente – quem toma as decisões –, as agências – os meios com que conta (títulos de terras, compra, contratos etc.) e o propósito fica claro: encontrado o lugar (dos sonhos), reservado um espaço para a igreja, constitui-se a *fazenda*. Em resumo, esse movimento como um todo de *constituir* um campo – um ninho – é no fundo o ato humano simbólico complexo, nos termos de Burke, em que os cinco aspectos estão presentes, ainda que com intensidades e momentos variados.

Que pensar das ordens mencionadas acima? As pirâmides terminológicas em um primeiro momento apresentam-se, evidentemente, misturadas. Há um sem número de termos que designam com clareza o mundo *natural*: índios, terras, madeiras, casas etc. Ainda que a descrição seja até precisa, ela é incompleta; para as *madeiras* existem diversas designações, o que não vemos no caso da descrição do solo, das pessoas que já estavam ali etc. Mas como exemplo, está bem.

Já a leitura do âmbito *verbal* passa a exigir uma série de observações, e distanciaria por demais o nosso intento se fôssemos lidar com cada uma das particularidades da pirâmide propostas por Burke. Notemos, apenas para efeito de exercício que temos, uma série de *adjetivações* que deixam entrever uma espécie de semântica conotativa e genitiva: índios selvagens, solo fértil, madeira de lei, lugar dos sonhos, casa dos moradores, terreno para a igreja, propriedade dos roceiros, fazenda do Bom Retiro, escola para os analfabetos, posseiros arrendatários, Marcelino *Moisés* etc. O discurso deixa entrever que espécie de relação está sendo implantada; a linguagem mesmo e a nomeação de posse e de desapossamento remetem a uma tensão de identidades referidas à terra ou ao território. O próprio modo de descrever é um modo de credenciar e de descredenciar.

Em termos da pirâmide verbal poderíamos lidar com os aspectos gramaticais, estilísticos etc., além do mais. Mas tomamos essa dimensão de elaboração, mais simbólica, para relacionar com a pirâmide seguinte. A ação humana – diversamente do simples movimento – traz em si dimensões que podemos chamar de políticas: autoridade, poder e intencionalidade. A assim chamada pirâmide verbal *transpira* outras pirâmides. A própria descrição *adjetivada* que mencionamos acima, dá conta de que o discurso não só parte de um *novo proprietário*, mas remete também a um processo de realinhamento relacional. As pessoas que já estavam ali podem ficar, pelo desapossamento, pela renomeação. A floresta passa a ser *terra fértil*, os moradores das matas *índios selvagens*, as árvores passam a ser *madeira de lei* etc. É como se, de objetos naturais, por um processo de nomeação e de novas relações simbólicas se *transformassem* e, com isso, transmutassem as relações entre as pessoas e até mesmo as suas identidades. Configura-se um novo mapa que tanto mostra a superfície como o *subsolo* que para uns permanece como rocha, e para outros como areia movediça.

Quem legitima isso? Quem pode questionar essa *leitura*? Marcelino, que de um lado tira todas as garantias pela exclusão da terra, dos nomes, das relações, mas dá outra garantia: ele é o Moisés humilde. Esse novo referencial, concede a permissão para *viver, trabalhar e se alfabetizar* na nova terra.

Há uma dimensão sobrenatural – que até pode estar simbolizada no terreno separado para a igreja, no nome do índio Choni dado à fazenda e no título de *Moisés* dado a Marcelino – que parece assente. Chega alguém de fora e em um passe de mágica, o mundo se transforma. O dinheiro ou supostos títulos compra as terras e suas paisagens, até as redes sociais e os nomes das pessoas; esse *mundo sobrenatural* dá nomes novos às plantas, às pessoas, às casas etc. Quem sabe se a *escola* não tinha como intento propiciar a presença de uma nova língua, isto é, um alfabeto comum? E quanto domínio não se ancora no ensino da língua?

Kalervo Oberg diz em sua análise que a igrejinha foi a primeira obra dos adventícios e que ao longo da história de Choni, a festa da padroeira era o único *momento democrático* no qual todos estavam juntos, apesar de todas as diferenças. Nossa Senhora da Piedade seria, simbolicamente, a garantia de ambos os lados da construção simbólica. De um modo mais palpável e cotidiano, um outro momento comum era a escola e sua missão de civilizar ou de tirar do mato o índio e fazê-lo um cidadão.

Essa dimensão sobrenatural, que está implícita na narrativa, pode receber nomes como Estado, documentos, armas etc. Mas como ela não se apresenta diretamente, há os *leitores* da mesma e, claro, isso remete ao *detentor do poder do ato*, que vimos acima. É como se somente Marcelino tivesse o poder de agir, os demais apenas de se movimentar. É interessante que os que são de algum modo *sinônimos* de Marcelino, isto é, os primos, parentes etc., podem em um passe de mágica agir do mesmo modo nas cercanias. Esse aspecto é culturalmente tão denso, até mesmo determinante, que um século mais tarde essas relações continuam sendo instauradas do mesmo modo. Seria o poder performativo das palavras ou discursos *veridictivos* de que fala Austin? Termos ou discursos que lidam com o verdadeiro ou o falso e que dependem mais do poder concedido a quem os pronuncia que ao fato em si mesmo. Mas como ninguém tem o *poder* de desverificar, elas tornam-se verdades eternas.[117]

Mais uma vez vemos claramente um mundo de controle difícil e multifacetário para o diálogo da antropologia – o ser humano e suas relações com o seu meio e com os demais – e a psicologia – o ser humano em tensão e em processo permanente de construção de sua identidade e a qualidade de suas relações. Trata-se mais uma vez de um campo construído em que dimensões emocionais, fantásticas, ritualísticas, sociais, políticas etc. estão misturadas e cujo discurso comunicativo deixa entrever diversas dimensões ora em conflito ora em cooperação.

---

117 AUSTIN, J.L. *How to do Things with Words*, op. cit., p. 153.

4.3 Da angústia à festa:
Os actemas intencionais

Para Boesch, como vimos acima, as dimensões simbólicas – estejam elas presentes em um discurso ou em uma prática – tensionam os actemas desde uma fase inicial, passando por uma fase processual e chegando até a uma fase terminal. O central, para Boesch, é a formação da (pré)representação de um objetivo; esse vai orientar – com dimensões simbólicas diversas e a regulação das constâncias – a consecução do mesmo. Esse percurso pode não ser linear, devido aos percalços das circunstâncias. Boesch chama a atenção para o fato de que o sucesso ou o fracasso geram dimensões psicológicas, que são a alma da empresa humana, em parte se espalham na realização da *obra* e em parte são esperadas para o final como uma espécie de *bônus*: A felicidade (festa) ou a infelicidade (funeral).

Com esses elementos básicos, vamos observar, inicialmente, essa secção da narrativa *Neto do Marcelino*, em seu todo, com a ótica do esquema acima, isto é, um procedimento de começo, meio e fim. Depois, perpassaremos o mesmo discurso com os diversos *simbolismos* apresentados por Boesch.

A população cresceu, mas não havia progresso, e para se conseguir suprimentos de Peçanha, uns 90 km de distância, era coisa muito difícil naquelas trilhas miseráveis. Lá eles compravam sal, tecidos, pólvora, instrumentos para o trabalho na roça e medicamentos a preços muito altos. Existia uma outra possibilidade, especialmente, descendo o rio Doce com canoas até o Espírito Santo, mas nesse caso tratava-se de uma longa jornada. Seguindo as trilhas ao longo do rio, tropas de mulas e o gado eram levados a Vitória, no Espírito Santo, mas essa era uma empresa perigosa uma vez que os assaltantes atacavam as tropas quando elas voltavam. Marcelino ouviu falar de Teófilo Otoni, 150 km adiante, onde os suprimentos seriam mais baratos. Ele decidiu ir para lá,[118] sendo que 90 km (do percurso) era através da mata virgem. Ele recebeu alguma ajuda de alguns homens de Itambacuri e arcando com os custos, ele equipou uma tropa e iniciou a aventura em outubro de 1898. Depois de 21 km eles chegaram ao rio Suaçuí Grande. Ali eles acamparam a primeira noite ouvindo os sons da floresta. No dia seguinte eles fizeram uma balsa de embaúba, e atravessaram o rio. Ali eles acamparam durante um longo tempo enquanto eles abriam o caminho. Outros acampamentos foram sendo feitos e finalmente eles encontram o outro grupo que vinha trabalhando na abertura da mesma estrada no sentido contrário, vindo de Itambacuri. Uma festa celebrou o encontro. Desde aquele tempo, as pessoas passaram a comprar os seus suprimentos em Teófilo Ottoni.

Marcelino separara um pedaço de terra para uma capela e pediu aos padres uma imagem de Nossa Senhora. Essa capela foi mais tarde construída onde a igreja está hoje. Marcelino, devido às dificuldades na construção de caminhos e trilhas e por outros trabalhos, pegou malária.

A situação como um todo, da fazenda,[119] pode ser descrita como uma espécie de arapuca. A saída dela pode ser considerada como uma grande aventura, tanto em termos físicos – estradas –, como em termos

---

118 Ao que parece ele mesmo construiu a estrada, como se depreende do texto de Oberg mais adiante.
119 Apenas para uma visão mais completa, o processo de constituição de Chonim de Cima (apresentado por Oberg) dá conta de pelo menos três espaços: o *patrimônio* (lugarejo em um terreno delimitado do espaço da fazenda), a casa central da fazenda e seu arredores e os espaços cultivados de modo variado (café, lavoura de subsistência, gado etc.) com a presença de arrendatários, meeiros etc. Cf. OBERG, K. *Chonim de Cima, op. cit.*

de empreendimento social e econômico. A questão que, nos termos de Boesch, pode revelar a intenção ou até mais claramente, o objetivo, pode ser verbalizada na questão: "Como continuar a viver?". Quais são os actemas, isto é, as ações intencionais que levam a isso? Primeiro temos uma espécie de moldura: população em crescimento, limites das fontes de suprimentos distantes e caras (sal, pólvora, vestuário, medicamentos, equipamentos rurais etc.), locais de intercâmbio longínquos e perigosos (canoas pelo Rio Doce, tanger gado pelas matas, percorrer estradas entre assaltantes etc.). Essa moldura, a exemplo de Guanhães, no primeiro momento, enseja tanto a presença de uma *paralisia*, como a urgência de uma *decisão*. Se há algo vantajoso em Teófilo Ottoni, há também uma grande fronteira: noventa quilômetros de mata virgem.

A *fase inicial* é uma mescla de compreensão dos desafios e de preparativos: consciência da situação da *arapuca*, ajuda dos homens de Itambacuri, equipar as tropas, arcar com os custos, iniciar a aventura em 1898. A fase intermediária é a própria aventura da construção da estrada que aqui vem descrita de um modo bem reduzido: acampar e reacampar, ouvir sons da floresta à noite (descansar), construir balsa e abrir estrada na mata virgem. O *final* – ainda que fosse, em tese, o acesso a Teófilo Ottoni e com isso a saída da arapuca – passa a ser simbolicamente festejado como uma festa de encontro dos *picadeiros*. Esses aspectos de início, meio e fim, não trazem por si novidades, para o modo de pensar de Boesch, ainda que sejam significativos: a compreensão dos actemas, especialmente no estabelecimento de suas constâncias, isto é, direcionamento para o objetivo.

Vamos agora retomar esse mesmo texto sob o olhar dos cinco simbolismos de Boesch: situacional, funcional, analógico, ideatório e da alteridade.

Dado que a análise dos actemas acima, dessa parte da narrativa, dá conta de que a trama toda se desenvolve na linha da *busca de uma saída,* os símbolos que relacionam os diversos fenômenos deveriam ter esse foco como matriz semântica. Por isso, é bastante prático, antes da busca pela matriz simbólica, traçar um mapa da tensionalidade actêmica.

Boesch chama de símbolos situacionais aqueles que fazem a função de *pars pro toto,* isto é, são elementos que não têm objetivo de *falar tudo,* mas de falar do todo. Aqui podemos relacionar os diversos elementos mais descritivos: população, isolamento viário, carência e custos dos suprimentos etc. que apesar de serem situações ou *objetos* concretos, na narrativa estão presentes como uma forma de falar da grande crise ou da arapuca situacional como um todo. Podemos até imaginar que tenhamos outros problemas e dramas que nem são mencionados, não porque não estivessem presentes, mas porque podem estar por trás do foco dos símbolos situacionais. Por exemplo, quando se fala em *carência de medicamentos* por trás, evidentemente, temos a situação sanitária; quando se fala da falta de pólvora implicitamente fala-se também da dificuldade da caça ou mesmo da segurança como um todo.

O simbolismo funcional dá conta do modo como os actemas se relacionam ao objeto ou objetivo. Se o objetivo é *buscar uma saída*, alguns elementos descritivos – mesmo se vistos como simbólicos – como o caso das distâncias, precariedades das estradas, as carências etc. não podem ser vistos como símbolos funcionais, apesar de servirem de pano de fundo da situação de impasse. Uma série de gestos dá conta dos símbolos funcionais, que podem ser sintetizados na construção da estrada. Entrar em contato com o pessoal de Itambacuri, arcar com os custos, equipar uma tropa, dar o passo inicial em 1898, construir a balsa etc. apesar de em si mesmos ensejarem a presença até de símbolos situacionais, quando são vistos em relação ao objetivo, tornam-se, segundo Boesch, em símbolos funcionais. Até pode ser que tenham ocorridos símbolos disfuncionais – que remetem às resistências ou aos limites das constâncias –, reclamação das pessoas que ficaram na fazenda isolados nesse tempo, malária etc., mas não estão presentes na narrativa. Até podemos imaginar que o rio Suaçuí Grande seja em um momento, um símbolo situacional – índice de isolamento – e também um símbolo disfuncional – impede a obtenção do objetivo –, mas possibilita a presença de um símbolo funcional que é a construção da balsa. Se a balsa fosse vista apenas como um *objeto flutuante* seria somente um símbolo situacional, mas como meio que leva a Teófilo Ottoni, é funcional.

O simbolismo analógico requer uma leitura mais acurada da narrativa e de sua intencionalidade. Podemos dizer, a partir do visto acima, que a narrativa tem como núcleo a história da busca de uma saída; talvez até pudéssemos dar o nome de *a importância vital da estrada*. Esse simbolismo, no pensamento de Boesch, dá conta de um certo clima. Os objetos, as situações e as ações são símbolos analógicos de uma rede de sentimentos, valores e relações. A estrada pode ser vista simplesmente como um *instrumento* funcional, mas também como um símbolo vital. Por ela vão passar o sal (remete ao sabor das refeições), a pólvora (remete à segurança), o vestuário (remete ao conforto ou até mesmo à possibilidade de civilidade) e o medicamento (remete ao bem-estar e à saúde).

A estrada passa a ser mais que simples saída da arapuca, passa a ser o símbolo da vida; os recursos que passam por ela, deixam de ser simples mercadorias e passam a ser analogicamente *sobrevivência*. Sem esses simbolismos analógicos implícitos e sua força – que nem sempre são claros na narrativa – não se compreende que um grupo de homens abandonem as suas casas, se embrenhem na floresta com riscos de doenças e trabalhem sem ganhos financeiros em um esforço hercúleo por meses. Para a compreensão desses símbolos é necessário ir além das simples aparências – em um processo de análise de mitos, rituais e ritos – e compreender o que subjaz ao todo do processo. Dois aspectos da narrativa merecem, pois, a atenção: a construção sucessiva de acampamentos (moradias provisórias) e a festa do encontro dos dois grupos que abriam a estrada. É pena que *Neto do Marcelino* não tenha sido testemunha ocular dos eventos. Os acampamentos não deixam de *reproduzir* as casas ou moradias abandonadas – ainda que temporariamente – e a festa não deixa de ser uma celebração de uma libertação e a acolhida de uma nova chance da vida. Aliás, como todas as festas ao longo da história e em toda a Terra.

Infelizmente, a secção da narrativa não traz tudo. Não podemos pedir dessa parte da narrativa, algo denso e mesmo profundamente simbólico como um monumento, um mito, um símbolo que transpire essa ideia central da *busca pela saída* e que fale dos símbolos *ideatórios*. No final, temos a retomada do gesto que Oberg chama de "gesto antropológico fundador", a separação de um pedaço de terreno para uma capela, mas não temos a menção clara da relação desse *lugar-objeto* com a ideia fundante de toda a empresa. Pode até estar implícito.

Talvez devamos voltar ao início da narrativa e buscar pela ideia mestra que moveu e motivou Marcelino pelos ínvios caminhos em busca da terra de seus sonhos. Por trás da organização da fazenda – chegada e invasão, organização e desorganização, redimensionamento dos sentidos e das referências – temos, sem dúvida, uma ideia, mas que não se traduziu – pelo menos na narrativa – pela objetivação de um gesto, objeto ou cerimonial em algo que simbolizasse a ideia mestra de tudo.

Implicitamente, entretanto, temos presente a todo o momento, símbolos da *alteridade*. A sua presença até foi facilitada pela matriz de leitura da situação: uma situação de isolamento em busca de uma saída. O simbolismo da alteridade dá conta, segundo Boesch, das opções: ir a Vitória ou a Teófilo Ottoni, construir a estrada ou morrer, comprar o de que se necessita para viver ou definhar, ficar ou ir embora etc. O símbolo da alteridade pode também ser compreendido como o símbolo da decisão; decisão essa necessária para se evitar os desvios ou mesmo os fracassos, em termos do objetivo. Se o grande objetivo era a sobrevivência, então a grande alternativa seria o perecimento. Esses talvez fossem os dois grandes polos alternativos. Na narrativa temos diversos subpolos dessa grande polaridade: Peçanha ou Teófilo Ottoni, progresso ou miséria, arcar com os custos ou perecer, parar junto à margem do Suaçuí Grande ou construir uma balsa etc. Os símbolos da alteridade dão conta tanto das ações possíveis como das deixadas à margem, das *impossíveis*.

Em resumo, podemos dizer que os símbolos ideatórios e da alteridade *fazem a história humana*. Segundo Boesch, são as ideias – que nem sempre estão explícitas – e as decisões que fazem do caminhar um percurso humano.

4.4 *Josué na Terra Prometida: Marcial, o genro e discípulo*

Três viandantes passaram pela mesma floresta por caminhos diversos: viram eles a mesma floresta? Vamos agora *ler* a parte final da narrativa *Neto do Marcelino*, com os instrumentos de Duerr, Burke e de Boesch.[120] No que vai dar? Retomemos o esquema das redes de conceitos, em resumo:

Autores	Hans Peter Duerr (dimensões)	Kenneth Burke (ordens)	Ernst Boesch (símbolo)
Resumos	Cenários e *filtros identificadores* da fronteira	*Pentade*: Ato, cena, agente, agência e propósito	Tensão dos Actemas: começo, meio e fim
Conceitos básicos	Wildnis (selvagem)	Natural	Situacional
	(Kultur ou Zivilistion)	Verbal	Funcional
	Grenze (fronteira)	Sociopolítica	Analógico
	Traumzeit (sonho, tempo)	Sobrenatural	deatório
	Vigília (espaço)		Alternativo

Quadro 3 – Rede de conceitos de Duerr, Burke e Boesch.

Os três autores lidam, em suas propostas, com uma espécie de síntese inicial. O que queria *Neto do Marcelino* com essa parte final de sua narrativa? A missão de Marcial? A fundação do Distrito? A glorificação da humildade de Marcelino? Há um fio mítico condutor? Encerramento de um mito etiológico: temos e somos isso, em vista de nossa história?

Penso que mais que nas secções anteriores, essa parte pode refletir com mais clareza a *plateia* para quem a história foi contada: pesquisadores universitários da cidade grande.

---

120 Remete à experiência de Moisés. Dt 1,8.

Sabendo que chegara a sua hora e pensando em seu povo como se fosse um rebanho de Deus, ele tinha que decidir quem seria o seu sucessor, um que pudesse levar adiante a missão de desbravar a terra. Essa tarefa foi dada ao seu genro e discípulo, Marcial Cyriaco da Silva. Essa foi, como se pôde ver, uma escolha abençoada. Ele deu conselhos a Marcial e pediu aos seus filhos (de Marcelino) que seguissem as ordens de Marcial e que ficassem unidos. Após isso, Marcelino, no dia 28 de novembro de 1899, restituiu sua alma ao Criador com a idade de 54 anos.

Marcial Cyriaco da Silva estava agora no cargo sob a guia do exército de Nossa Senhora da Piedade (ele parece que sempre ouvia a voz de seu sogro). Os campos eram cultivados em comum, bem como as pastagens para o gado. Certas áreas foram separadas para o plantio do milho, do arroz, da mandioca para se fazer farinha e amido; uma parte dos produtos era usada para alimentar os porcos. Plantou-se o algodão do qual se faziam as roupas usadas no trabalho. A terra era fértil e as colheitas muito boas.

Marcial, obedecendo os desejos de seu padrinho, ordenou que se construísse uma capela no lugar escolhido pelo seu sogro, e onde uma cruz fora erguida em honra de Marcelino. Ele ainda se lembrou da intenção de formar o patrimônio de Nossa Senhora da Piedade de Chonim.

Ao longo dos anos, Marcelino da Cunha e seus irmãos e primos se multiplicaram e formaram outras fazendas, mas nenhum se separou do *rebanho*. Marcial ampliou a capela e como o número das crianças aumentou, ele estabeleceu uma escola estadual em outubro de 1922. Como agradecimento por ele ter conseguido a escola, o povo o elegeu para vereador para a câmara municipal de Figueira (agora conhecida como Governador Valadares).[121] Já em 1912, Marcial formou uma banda através da compra de 12 instrumentos e pela contratação de um professor. Mais tarde essa banda trouxe alegria para a vila tocando tanto músicas populares como religiosas. A capela foi ampliada e ornamentada. Marcial mais tarde foi indicado como o terceiro juiz de paz em Peçanha. Então Marcial começou as tratativas no sentido de que Chonim viesse a ser *separado* como um distrito. Com grande alegria, ele conseguiu isso em 1924.

---

121 Seria mais razoável pensar-se na Câmara de Peçanha que era vila desde 1881 e não em Governador Valadares que seria município somente 16 anos mais tarde; por outro lado, Marcelino desaparece nos *monumentos*, enquanto que o nome de Marcial está *eternizado* no nome da escola de Chonim.

Se retomarmos a ideia da *arapuca* da secção anterior, agora temos uma outra ideia de delimitação do campo: a do Paraíso ou da Terra Prometida. Tudo agora é harmonia, paz, relacionamentos felizes. Há, por outro lado, uma espécie de *legado espiritual* que se passou por eleição de Marcelino a Marcial. O *neto* traça o final de sua narrativa com duas linhas de força: uma mais espiritual, isto é, o monumento da capela, e outra mais concreta que é o sucesso da convivência, do progresso.

Uma fronteira identificadora: critérios para morar

Com Duerr podemos mais uma vez ver a construção de uma fronteira que agora não deve ser transposta, mas ao contrário da primeira, deve ser um lugar onde se deve permanecer. As angústias das decisões de Guanhães – ir-se pela mata virgem – converteram-se em encontro da terra dos sonhos. Supera-se a *Wildnis* e entra-se em uma espécie de *Kultur*. O momento anterior, o da busca de estradas, não foi visto como uma experiência de ir embora de novo, mas, ao contrário, uma solução para o ficar nesse lugar. Uma espécie de paradoxo: constrói-se uma estrada para poder ficar. Essa leitura, dentro do pensamento de Duerr, de um certo modo *reprime* alguns aspectos da dimensão selvagem, é um *processo civilizatório* por negação. Há uma espécie de imersão – na narrativa – no tempo dos sonhos (*Traumzeit*) e, nesse caso, conforme o pensamento de Cassinari, não se lida mais com tempos e espaços reais; entra-se em uma espécie de delírio (o oposto do tempo da vigília e da civilização).

Em vários momentos temos essas simbolizações: a *geração* do filho Marcial por eleição, a manutenção de Marcelino em vida pela missão dada a Marcial, a construção do *monumento memória* (capela e cruz), formação do patrimônio e a descrição idílica da vida da fazenda etc. O *neto* descreve a terra dos sonhos, o ninho e o Paraíso e até insere aí elementos do ideal da modernidade: escola, banda musical, emancipação política, *presentes* como a eleição à vereança e o título de juiz de paz. Apesar de aqui e ali transpirarem elementos dissonantes: cruz como *monumento* de Marcelino, enfeite e ampliação da capela, constituição do patrimônio etc. Se essas coisas precisavam ser feitas, é porque não existiam; o Paraíso estava ainda em construção. Em resumo, parece que a *vigília* dimensão do espaço, cede lugar ao sonho, dimensão do tempo. E até mais, um tempo *sub specie aeternitatis.* E foram felizes para sempre.

As leis dos deuses: as ordens ocultas

Como seria a leitura de Burke, ou melhor, a nossa leitura a partir dos elementos analíticos que ele nos apresenta? Dentro dessa cena um tanto idealizada, temos um *demiurgo*, o Marcial. Se quisermos estabelecer uma espécie de propósito para tudo, talvez devamos lidar com uma espécie de ideal do *fundador* um tanto modernizante: a constituição do distrito. Para o *neto* a grande glória de Marcelino seria essa figura ou constituição jurídica. Da terra de seus sonhos a uma entidade coletiva sonhada.

Segundo o esquema de Burke, existem, na realidade, dois agentes: um que vem descrito como o agente efetivo e outro que pode ser descrito como agente *inspirador*. Marcial então é o grande agente (ainda que nem sempre as agências venham descritas): guia o exército de Nossa Senhora da Piedade, ordena a construção da capela, promove a sua ampliação, ergue uma cruz em homenagem a Marcelino, estabelece uma escola, age como vereador e juiz de paz, compra uma banda, promove a implantação do distrito. Parece que essa parte final da narrativa quer *justificar* – com base ou sem – a grande data de 1924. Por que poderia ser distrito? É uma comunidade próspera e em paz e com um *novo Moisés*. De qualquer modo, o referencial de fundo, para Burke, será o tripé ato, agente e contexto.

Em cima desse resumo, podemos retomar as ideias de Burke quanto às *pirâmides terminológicas*. Vários elementos autorizam que podemos iniciar essa *leitura* a partir da pirâmide do sobrenatural. Facilmente se pode depreender uma moldura bíblica ou religiosa – consciente ou não – *um Moisés que delega a um Josué a missão de entrar, ou pelo menos, de lidar com a Terra Prometida*, uma banda de 12 componentes, ouvir a voz de um morto (sogro). Um *demiurgo* que com sua presença *poderosa,* além de manter a paz, organiza ou cria uma realidade em vista de uma felicidade paradisíaca. A manipulação ou pelo menos o uso de símbolos sagrados – devoção religiosa, instituição e construção de lugar e monumento sagrados, provavelmente a promoção da festa da Padroeira – como elementos que geram uma espécie de *metafísica* ordenadora e lança uma espécie de *fio de Ariadne* da narrativa. O *distrito* é ao mesmo tempo um ideal, um objetivo e uma missão; mas não um distrito qualquer, um distrito *paraíso*.

Quanto à pirâmide terminológica sociopolítica essa secção deixa claro quem é quem. Na realidade, a narrativa praticamente diz que a voz e a ação estão vinculadas, com garantias de legitimidade (eleição e prestígio) a uma única pessoa. Não há como desautorizá-la: ela detém o poder econômico, político, jurídico, educacional, religioso etc. Além do mais, é um herdeiro *missionado* pelo poder moral do antepassado. O que é justo – o direito de cada um e suas obrigações – está claro e em caso de dúvidas, já se tem a voz autorizada para dirimi-las. Pode até ser que se houvesse alguma instância intermediária nas atividades da fazenda, na gestão social da vila etc. Mas elas não aparecem na narrativa. Essa parece *cegar-se* ante o objetivo *inclemente* da justificação da data fatídica. Parece que sem esse discurso, o distrito corre o perigo de deslegitimar-se.

Quanto ao âmbito do próprio discurso – uso das palavras – podemos aqui nos ater ao estilo um tanto poético, idealizado, em que os termos buscam narrar um mundo sonhado. Claramente temos uma retórica da justificação do grande dia: 1924. Esse é o grande símbolo unificador da sua fala.

Dentro desse clima criado, a *ordem natural* deixa de ser tão natural. Se considerarmos os dois elementos que Burke sinaliza – a posição e o movimento – então vemos que tudo o que vem descrito ou está na posição que deveria estar em vista de 1924, ou será *movido* para que se ajuste a essa grande visão sintetizadora. Não vemos elementos discordantes: crises econômicas e mesmo riscos (como na secção anterior), vozes discordantes em termos da atividade da fazenda (distribuição justa dos ganhos), outro candidato à vereança etc. Tudo está – naturalmente – no seu devido lugar.

Os passos simbólicos direcionados para a meta

Se o objetivo da narrativa é *justificar* 1924, o que se pode depreender a partir do esquema de Boesch? Ou pelo menos, como podemos entender a sua rede de símbolos presentes nessa parte da narrativa. Como estão organizados os actemas? Para onde se voltam e de que natureza são os mesmos? Temos como perceber a sua *ação simbólica* em vista desse objetivo?

A secção parece estabelecer com clareza o começo e o fim do *drama*: a morte de Marcelino em 1899 e a elevação de Chonim à categoria de Distrito em 1924. Como é que o *autor anônimo* vai tecer essa trama de tal modo que o meio, ancorando-se nesse início, leve a esse fim?

De um cenário complexo e até extenso em termos de tempo – 25 anos – o narrador seleciona uma série de *situações ou gestos que são tanto símbolos situacionais como símbolos funcionais.* Eles representam, às vezes em botão, os elementos que permitem a chegada de 1924: a missão de Marcial, a visão paradisíaca da vida na fazenda, a manutenção de uma série de *sinais* ou gestos religiosos que remetem ao *pai fundador,* e por fim até elementos que vão além daquele sonho inicial e que são simbolizados pela banda, pela escola, pela vereança etc. Parece que quanto mais *idealizada* a narrativa, tanto mais esses dois tipos de símbolos se confundem. De um modo geral, a narrativa não lida diretamente com acontecimentos, gestos, ações em si, mas com *eventos* pinçados aqui e ali para fornecer uma espécie de panorama que ao mesmo tempo desvela a situação e a função deles.

Em termos de simbolismos analógicos, novamente temos diante de nós um cenário – bastante idealizado e sintetizado – que tem como referência uma espécie de clima ou de ambiência. Se o que se quer é demonstrar que a vila de Chonim está madura para ser Distrito – seja lá o que se compreenda idealmente por isso –, de algum modo há uma *distritalidade* idealizada em vista. Se de um lado, isso quer mostrar uma certa modernidade que o autor não tem bem claro o que seja, por outro lado – analogicamente – ele remete ao que ele está familiarizado: uma vida serena, em paz e guiada pela confluência de um mundo sobrenatural e o mundo do cotidiano. Não se pode deixar de pensar também que a narrativa está sendo contada para um estudioso da cidade grande, um pesquisador universitário etc. É como se analogicamente, o autor quisesse defender ao mesmo tempo uma ideia de distrito que tem duas faces: uma moderna (ser uma entidade adequada às expectativas imaginadas) e outra *histórica* que de um certo modo recupera o passado.

Como vimos acima, os simbolismos ideacionais são fundamentalmente as âncoras de toda a narrativa. Pode-se até partir, no caso desses símbolos, da questão: afinal, o que é que explica tudo o que aconteceu e o que está acontecendo agora? Isso pode ser resumido no símbolo difuso da missão, da tarefa delegada *espiritualmente*, de uma visão idílica da vida na fazenda etc. Assim, em termos de ideias, ou de fio condutor da narrativa, temos uma espécie de *destino*: tudo no passado conflui para um objetivo quase que inexoravelmente.

Penso que não se pode deixar de perceber que, graças a essa ideação e mesmo a essa abstração da narrativa, o aspecto dos símbolos alternativos, isto é, que dão conta das contrariedades e mesmo das resistências acabaram por ficar praticamente de lado. Nada na narrativa deixa entrever contrariedades (diversamente da secção anterior, quando a vida dependia de superação de obstáculos e mesmo da construção da estrada): Marcelino acolhe o fim da vida sem mais delongas (havia realizado pelo menos em parte a sua missão de desbravar a terra), Marcial acolhe a sua missão (e os demais não se manifestam em contrário), não aparecem contratempos na vida do campo (tudo o que se planta dá), tudo é progresso (ampliação das fazendas, da igreja, da população), desafios novos são superados sem a menção de obstáculos (analfabetismo com escola, conflitos com juiz de paz, festejos com banda etc.).

Mas, caso se questionasse tudo isso, pode ser que aparecessem outros aspectos que a ideia de *Wildnis* – dimensão selvagem –, de Duerr pudesse deixar mais clara. Essa atitude de considerar somente a *Kultur* – civilização ou tempo da vigília – deixa fora da narrativa prováveis aspectos que os símbolos alternativos dariam conta: morte sem terminar a tarefa, rejeição dos filhos como seus herdeiros, necessidade de uma âncora celestial para garantir a paz terrestre etc. Não deixa de chamar a atenção que não aparecem o enterro do Marcelino, o lugar do cemitério, a luta ingente que era a tarefa do campo naqueles tempos, os eventuais murmúrios dos que foram preteridos, as doenças e as mortes etc. Parece que o termo "distrito" filtra o passado deixando de lado muitas coisas do árduo cotidiano.

CONCLUSÃO

O presente percurso de leitura e o convite a uma tentativa de exercício do diálogo entre os campos da psicologia e da antropologia a partir de alguns autores, não pretende apresentar-se como um modelo, mas sim como um exercício de relações dialógicas. O que foi feito com a narrativa por escrito da vida de um antepassado, pode ser feita também com infindos cenários narrativos ou com outros complexos simbólicos que interferem no cotidiano. Assim, podemos lidar com a ritualística da alimentação, do vestuário, dos diversos cerimoniais da sociedade etc.

Permanece, entretanto, o desafio de a um tempo manter alguma fidelidade aos objetos originais das áreas de conhecimento – o que afinal *estudam* a psicologia e a antropologia a partir desse enfoque? – e ao mesmo tempo, estabelecer pontes entre as abordagens desses objetos, de tal modo que as abordagens de *ilhas* diversas lancem sobre as mesmas luzes novas e revelem seus moradores.

Não é difícil, no caso da narrativa, perceber que através das palavras, das situações e mesmo dos movimentos tanto de dimensões às quais podemos chamar de *psíquicas* (ainda que devamos ter em mente a enorme variedade dos instrumentais das abordagens psicológicas), como outras às quais podemos chamar de culturais. Com a *simbólica* ainda se pode entrever, com razoável facilidade, outras dimensões do mundo social: a economia, a religiosidade, a vida cotidiana etc. Elas também estão imersas nas dimensões que vimos acima, de tal modo que referência às redes de conceitos apresentada pode ser para elas também aclaradora. Com isso, passa a ser evidente que estamos lidando com um fenômeno complexo que comporta facilmente diversas abordagens, não só da psicologia e antropologia.

Esses exercícios com elementos de Duerr, Burke e de Boesch não têm como objetivo procurar uma estrutura onipresente e rígida que estaria sempre por trás das narrativas – ou de um modo mais amplo, de todos os fenômenos psicoculturais – mas sim deixar que as literaturas transpirem seus fantasmas, suas mensagens, suas histórias, seus mistérios. De certo modo, o que se quer, no fundo, é deixar de lado a ingenuidade segundo a qual a *mensagem* – psíquica ou cultural – se traduz fácil, mas que nesse mesmo processo perde a sua genuinidade. Voltando à metáfora usada acima, a floresta da experiência humana revela-se sempre nova e de novo cada vez que a percorremos; o mesmo podemos dizer das manifestações culturais ou das expressões psicológicas que pelo fato de serem mediadoras, de um lado são tributárias de suas origens, por outro lado devedoras de seus leitores.

REFERÊNCIAS BIBLIOGRÁFICAS

APO, Satu. *The Narrative World of Finnish Fairy Tales.* Structure, Agency, and Evaluation in Southwest Finnish Folktales. Helsinki: Academia Scientiarum Fennica, 1995.

ARLT, G. *Antropologia filosófica.* Petrópolis: Vozes, 2008.

ASSUNÇÃO FREITAS, M.T. de, Bakhtin e a psicologia, em: FARACO, C.A. *et al. Diálogos com Bakhtin.* Curitiba: Universidade Federal do Paraná, 2007, pp. 141-160.

AUSTIN, J.L. *How to do Things with Words.* Cambridge: Harvard University Press (1962) 1975.

BAKHTIN, M.M. *Speech Genres and Other Late Essays.* Austin: University of Texas Press, 1986.

BARNARD, A. *History and Theory in Anthropology.* Cambridge: Cambridge University Press, 2000.

BASTRESS-DUKEHART, E. *The Zimmern Chronicle.* Nobility, Memory, and Self-representation in Sixteenth-century Germany. Ashgate: Aldershot, 2002

BELL, C. *Ritual Theory, Ritual Practice.* Oxford: Oxford University Press, 1992.

BELZEN, J. Von. *Para uma psicologia cultural da religião.* Aparecida: Ideias e Letras, 2010.

BERSANELLI, M.; M. GARGANTINI. *Solo lo Stupore Conosce.* L'Avventura della Ricerca Scientifica. Milano: Rizzoli, 2004.

BIANCHI, E. Vivre l'Incarnation. Une Grammaire de l'Humain. *Études,* 2011, 155(415), 1-2, pp. 65-76.

BICKERTON, D. From Protolanguage to Language, em: CROW, J.C. (Ed.), *The Speciation of Modern Homo Sapiens.* Oxford: Oxford University Press, 2002, pp. 103-120.

BITBOL, M. *De l'Intérieur du Monde*: Pour une Philosophie et une Science des Relations. Paris: Flammarion, 2010.

BLOCH, M.E.F. *How we Think They Think*: Anthropological Approaches to Cognition, Memory, and Literacy. Boulder: Westview Press, 1998.

BOESCH, E.E. *L'Action Symbolique*. Fondements de Psychologie Culturelle. Paris: L'Harmattan, 1995.

BOESCH, E.E. *Das Magische und das Schöne*. Stuttgart: Frommann-Holzboog, 1983.

BOONE, E.H. Aztec Pictorial Histories: Records without Words, em: BOONE, E.H. – MIGNOLO, W.D. (Eds.), *Writing without Words*: Alternative Literacies in Mesoamerica & the Andes. Durham: Duke University Press, 1996, pp. 50-76.

BURKE, K. *A Grammar of Motives*. Berkeley: University of California Press, 1969.

BURKE, K. *Language as Symbolic Action*. Assays on Life, Literature and Method. Berkeley: University of California Press, 1966.

CARDOSO DE OLIVEIRA, R. *O trabalho do antropólogo*. Brasília/São Paulo: Paralelo/Unesp, 2006, p. 180.

CASSINARI, F. Natura Selvaggia e Cultura: Hans Peter Duerr e la Fondazione Filosofica dell'Etnologia, em: DUERR, H.P. *Tempo di Sogno. Sui Limiti tra Dimensione della Natura Selvaggia e Processo di Civilizzazione*. Milano: Guerini e Associati, 1992, pp. 261-270.

CASSIRER, E. *Ensaio sobre o homem*: *Introdução a uma filosofia da cultura humana*. São Paulo: Martins Fontes (1944), 2001.

CAZAROTTO, J.L. A cultura e a dimensão selvagem da alteridade: Alguns conceitos e reflexões para um encontro com o estranho - Hans Peter Duerr. *Espaços*, 2000, 8(2), pp. 143-153.

CHANG-RODRÍGUEZ, R. Cultural Resistance in the Andes and Its Depiction in Atau Wallpaj P'uchukakuyninpa Wankan or Tragedy of Atahuala's Death, em: CEVALLOS-CANDAU, J.F.; COLE, J.A.; SCOTT, N.M.; SUÁREZ-ARAÚZ, N. (Eds.) *Coded Encounters. Writing, Gender, and Ethnicity in Colonial Latin America*. Amherst: University of Massachusetts Press, 1994, pp. 115-134.

COSTA, C.F. Revendo a distinção constatativo/performativo. *Princípios*, 2(3), 1995, pp. 32-46.

CRAWFORD, C. Psychology, em: MAXWELL, M. (Ed.). *The Socio-biological Imagination*. Albany: State University of New

York Press, 1991, pp. 303-318.

DAMASIO, A. *Self Comes to Mind: Constructing the Conscious Brain*. New York: Pantheon Books, 2010.

DE LUVE, Ch. *Singularities: Landmarks on the Pathways of Life*. Cambridge: Cambridge University Press, 2005.

DONALD, M. *Origins of the Modern Mind: Three Stages in the Evolution of Culture and Cognition*. Cambridge: Harvard University Press, 1993.

DUERR, H.P. *Nudità e Vergogna. Il Mito del Processo di Civilizzazione*. Venezia: Marsilio, 1991.

DUERR, H.P. *Tempo di Sogno. Sui Limiti tra Dimensione della Natura Selvaggia e Processo di Civilizzazione*. Milano: Guerini e Associati, 1992.

DURAND, G. *A imaginação simbólica*. São Paulo: Edusp/Cultrix, (1964), 1988.

DURAND, G. *As estruturas antropológicas do imaginário*. São Paulo: Martins Fontes, 1997.

ECKENSBERGER, L.H. The Legacy of Boesch's Intelectual Œvre. *Culture & Psychology*, 1997, 3(3), pp. 277-298.

ELIAS, N. *Logiques de l'Exclusion*. Paris: Fayard, (1965), 1994.

FERREIRA, A.A.L., O múltiplo surgimento da psicologia, em: JACÓ-VILELA, A.M. *et al.* (Eds.). *História da psicologia: Rumos e percursos*. Rio de Janeiro: Nau, 2007, pp.13-46.

FIRTH, R. *Symbols, Public and Private*. London: George Allen & Unwin, 1973.

FRANÇA DE OLIVEIRA, C.E., *Narrativa e conhecimento histórico*. <www.historica.arquivoestado.sp.gov.br/.../materia02/>.

FRANK, A.W. *Letting Stories Breathe*: A Socio-narratology. Chicago: The University of Chicago Press, 2010.

FREITAS ARAÚJO, S. de. Wilhelm Wundt e o estudo da experiência imediata, em: JACÓ-VILELA, A.M. *et al.* (Eds.), *História da psicologia: Rumos e percursos*. Rio de Janeiro: Nau, 2007, pp. 93-104.

GADAMER, H.G. – P. VOGLER (Eds.). *Nova antropologia – Antropologia filosófica: O homem em sua existência biológica, social e cultural*. São Paulo: EPU/EDUSP, 1977, 2 vols.

GADAMER, H.G. *Verdade e método: Traços fundamentais de uma hermenêutica filosófica.* Petrópolis: Vozes, 1998.

GALANTINO, N. *Dizer homem hoje: Novos caminhos da antropologia filosófica.* São Paulo: Paulus, 2003.

GALIMBERTI, U. *Psiche e techne: o homem e a idade da técnica.* São Paulo: Paulus, 2008.

GEERTZ, C. *Life Among Anthros and Other Essays.* Princeton: Princeton Univesity Press, 2010.

GEERTZ, C. *Nova luz sobre a antropologia.* Rio de Janeiro: Jorge Zahar, 2001, p. 68.

GEERTZ, C. *O saber local: Novos ensaios em antropologia interpretativa.* Petrópolis: Vozes, 1998.

GOODMAN, F.D. *Ecstasy, Ritual, and Alternative Reality: Religion in a Pluralistic World.* Bloomington: Indiana University Press, 1992.

GOODY, J. *Myth, Ritual and the Oral.* Cambridge: Cambridge University Press, 2010.

GOODY, J. I. WATT, The Consequences of Literacy, em: GOODY, J. (Ed.). *Literacy in Traditional Societies.* Cambridge: Cambridge University Press, 1968, pp. 27-68.

GORMAN, M.E. Psychology of Science, em: O'DONOHUE, W.; R.F. KITCHENER (Eds.), *The Philosophy of Psychology.* London: Sage, 1996, pp. 50-65.

HAAG, C. As fotos secretas do professor Agassiz: Exposição e livro trazem à luz imagens polêmicas feitas por rival de Darwin. *Pesquisa,* 2010, 175, pp. 80-83.

HANNERTZ, U. *Cultural Complexity: Studies in the Social Organization of Meaning.* New York: Columbia University Press, 1992.

HOPKINS, J. Evolution, Consciousness and the Internality of the Mind, em: CARRUTHERS, P.; A. CHAMBERLAIN, (Ed.). *Evolution and the Human Mind: Modularity, Language and Meta--cognition.* Cambridge: Cambridge University Press, 2000, pp. 276-298.

INGHAM, J.M. *Psychological Anthropology Reconsidered.* New York: Cambridge University Press, 1996.

JUNQUEIRA, C. *Antropologia indígena: uma (nova) introdução*. São Paulo: Educ, 2008.

KAIVOLA-BREGENHØJ, A. Homo Narrans: People making narratives, em: *FF NETWORKS*, 2005, 29, pp. 3-12.

KÖNIG, J. Moving Experience: Dialogues between Personal Cultural Positions, em: *Culture & Psychology*, 15(1), 2009, pp. 97-119.

KROEBER, A.; KLUCKHOHN, C. Culture: A Critical Review of Concepts and Definitions, em: *Papers of the Peabody Museum*, n.1.1952, 47.

LABOV, W.; WALETZKY, J. Narrative Analysis. em: HELM, J. (Ed.), *Essays on the Verbal and Visual Arts*. Seattle: University of Washington Press, 1967, pp. 12-44.

LABOV, W. *Uncovering event structure* (paper disponível na Internet, com tradução *ad instar manuscripto* com o autor).

LAPLANTINE, F. *Aprender antropologia*. São Paulo: Brasiliense, 1988.

LAPLANTINE, F. *Je, Nous et les Autres: Être humain au-delà des appartenances*. Paris: Le Pommier-Fayard, 1999.

LATOUR, B. *La Science en Action*. Paris: La Découverte, 1995.

LEWIS, Th. A. On the Limits of Narrative: Communities in Pluralistic Society, em: *Journal of Religion,* 86(1), 2006, pp. 55-80.

LUCRÉCIO, *De la Nature*. Paris: Les belles lettres, 1948.

MACLEAN, P. *The Triune Brain in Evolution: Role in Paleocerebral Functions*. New York: Plenum Press, 1990.

McADAMS, Dan P. *The Stories we Live by. Personal Myths and the Making of the Self.* New York: The Guilford Press, 1993.

McCAULY, R.N.; Th. LAWSON. *Bringing Ritual to Mind: Psychological Foundations of Cultural Forms*. Cambridge: Cambridge University Press, 2002.

MEINESZ, A. *How Life Began: Evolution's Three Geneses*. Chicago: University of Chicago Press, 2008.

MELLATI, J.C. *A antropologia no Brasil,* em: <vsites.unb.br/ics/dan/Serie38empdf.pdf>.

MORIN, E. *Introdução ao pensamento complexo*. Lisboa: Instituto Piaget, 1990.

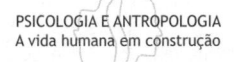

OBERG, K. *Chonim de Cima: A rural community in Minas Gerais*. Rio de Janeiro: OSOM, 1958.

PLATÃO. Fedro, o de la Belleza, em: *Obras completas*. Madrid: Aguilar, 1986.

PLOOG, D. Is Neural Basis of Vocalization Different in Non-human Primates and *Homo Sapiens*? em: CROW, J.C. (Ed.), *The Speciation of Modern Homo Sapiens*. Oxford: Oxford University Press, 2002, pp. 121-136.

POPELARD, M.-P. Sur la Possibilité de Concepts Transversaux. Le cas de l'Interprétation, em : BOCHET I. *et al. Comprendre et Interpréter. Le paradigme herméneutique de la raison*. Paris: Beauchesne, 1993, pp. 273-284.

RAPPAPORT, R.A. The Obvious Aspects of Ritual, em: GRIMMES, R.L. (Ed.) *Readings in Ritual Studies*. New Jersey: Prentice Hall, 1996, pp. 427-440.

RAPPORT, N. J. OVERGING. *Social and Cultural Anthropology*: Key Concepts. London, Routledge, 2000, pp. 283-290 (Narrative).

RASTIER, F. Théorie du Récit dans une Typologie des Discours. *L'Homme, 1971, 11, pp. 68-82*.

REESE, H.W.; OVERTON, W.F. Models of Development and Theories of Development, em: GOULET, L.R.; BALTES, P.B. (Eds.), *Life-span Developmental Psychology*. New York: Academic Press, 1970, pp. 116-145.

RENFREW, C. *Prehistory: The Making of the Human Mind*. New York: Modern Library, 2008.

RIBEIRO, A.P. *et al.*, Self-Narrative Reconstruction in Psychotherapy: Looking at Different Levels of Narrative Development. *Culture & Psychology*, 2010, 16(2), pp. 195-212.

RIBEIRO, D. *O povo brasileiro*. São Paulo: Cia das Letras, 2009.

RIESSMAN, C.K. *Narrative Methods for the Human Sciences*. London: Sage, 2008.

RORTY, R. *L'Homme Spéculaire*. Paris: Seuil, (1979), 1990.

ROSA, A.; CASTRO, J.; BLANCO, F. Otherness in Historically Situated Self-experiences: A Case Study of how Historical Events Affect the Architecture of the Self, em: SIMÃO, L.M.; J. VALSINER, (Eds.). *Otherness in Question: Labyrinths of the Self*. Charlotte: Information Age Publishing, 2007, pp. 229-255.

SAMPSON, E.E. *Celebranting the Other: A Dialogic Account of Human Nature.* New York: Harvester Weatheaf, 1993.

SEGATTO, A.I. Sobre o pensamento e a linguagem (Wilhelm Von Humboldt), em: *TRANS/FORM/AÇÃO*, 2009, 32, pp. 193-198.

SHOLES, R.; R. KELLONG. *The Nature of Narrative.* London: Oxford University Press, 1966.

SPERBER, D. *Explaining Culture*: A Naturalistic Approach. Oxford: Blackwell Publishers, 1996.

SQUIRE, C. *Reading Narratives,* <www.uel.ac.uk/cnr/documents/CNRWIPJune04Squire.doc>.

STRAUSS, C.; QUINN, N. *A Cognitive Theory of Cultural Meaning.* Cambridge: Cambridge University Press, 1999.

TAMBIAH, S.J. Form und Bedeutung Magischer Akte, em: KIPPENBERG, H.; LUCHESI, B. (Eds.). *Magie: Die sozialwissenschaftliche Kontroverse über das Verstehen fremden Denkens.* Frankfurt a. Main: Suhrkamp, 1978, pp. 84-110.

TANNEN, D. *You Just don't Understand: Women and Men in Conversation.* New York: Ballantine Books, 1990.

TERRIN, A.N. *Il Rito: Antropologia e Fenomenologia della Rittualità.* Brescia: Morcelliana, 1999.

TURNER, V. *The Forest of Symbols: Aspects of Ndembu Ritual.* Ithaca: Cornell University Press, (1967), 1991, p. 19.

VALSINER, J. *Culture in Minds and Societies.* Foundations of Cultural Psychology. London: Sage Publications, 2007.

VIDAL, F. "A mais útil de todas as ciências". Configurações da psicologia desde o Renascimento tardio até o fim do Iluminismo, em: JACÓ-VILELA, A.M. *et al.* (Eds.). *História da psicologia: Rumos e percursos.* Rio de Janeiro: Nau, 2007, pp. 47-73.

WERTSCH, J.V. *Mind as Action.* Oxford: Oxford University Press, 1998.

WILCE JR. J.M. Narrative Transformations, em: CASEY, C.; R.B. EDGERTON (Eds.), *A Companion to Psychological Anthropology: Modernity and Psychocultural Changes.* Oxford: Blackwell, 2008, pp. 123-139.

WILLIAMS, R. *Culture.* London: Fontana, 1981.

WITTGENSTEIN, L. *Investigações filosóficas.* São Paulo: Abril, 1984.

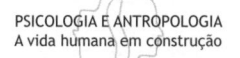

Esta obra foi composta em CTcP
Capa: Supremo 250g – Miolo: Pólen Soft 80g
Impressão e acabamento
Gráfica e Editora Santuário